U0107592

"MONOGATARI TO NIHONJIN NO KOKORO" KOREKUSHON

III: SHINWA TO NIHONJIN NO KOKORO

by Hayao Kawai, edited by Toshio Kawai

©2016 by The Kawai Hayao Foundation

with commentary by Shinichi Nakazawa

Originally published in 2016 by Iwanami Shoten, Publishers, Tokyo

This simplified Chinese edition published 2024

by SDX Joint Publishing Co. Ltd, Beijing

by arrangement with Iwanami Shoten, Publishers, Tokyo

物语与日本人的心灵

神话与日本人的心灵

SHINWA TO NIHONJIN NO KOKORO

[日] 河合隼雄 著
河合俊雄 编
王华 译

图书在版编目（CIP）数据

神话与日本人的心灵 /（日）河合隼雄,（日）河合
俊雄编；王华译. —北京：生活·读书·新知三联书
店，2024.1
　ISBN 978-7-108-07747-9

　Ⅰ.①神…　Ⅱ.①河…②河…③王…　Ⅲ.①神话–
研究–日本②民族心理学–研究–日本
Ⅳ.① B932.313 ② C955.313

中国国家版本馆 CIP 数据核字 (2023) 第 226348 号

特邀编辑　张艳华
责任编辑　张　龙
装帧设计　刘　洋
责任校对　陈　明
责任印制　李思佳
出版发行　生活·讀書·新知 三联书店
　　　　　（北京市东城区美术馆东街 22 号 100010）
网　　址　www.sdxjpc.com
图　　字　01-2019-6375
经　　销　新华书店
印　　刷　河北松源印刷有限公司
版　　次　2024 年 1 月北京第 1 版
　　　　　2024 年 1 月北京第 1 次印刷
开　　本　635 毫米 × 965 毫米　1/16　印张 16.25
字　　数　196 千字
印　　数　0,001–3,000 册
定　　价　58.00 元
（印装查询：01064002715；邮购查询：01084010542）

目　录

序　章

太阳女神光耀四方之国

一　太阳女神的诞生

在号称有"八百万"之众的日本诸神中，天照大御神占据显著地位，她是太阳女神。古代的日本人将天空中光芒四射的太阳想象为女性。这在世界各民族神话中，可以说非常独特。除了像因纽特人这样的美洲原住民族的神话之外，几乎所有民族都把太阳奉为男性神。因此，在讨论系统的日本神话之前，我想先探讨一下天照大御神的问题。

首先，天照大御神这个与众不同的太阳女神是如何诞生的呢？《古事记》的描述如下。关于此段故事，本书后文会有详述——话说天地间第一对夫妻伊邪那岐与伊邪那美，因为伊邪那美的猝死而被迫分离。丈夫伊邪那岐为了带回妻子，赶赴黄泉之国，结果却未能如愿。他回到世间，到河中清洗，以袚除身上不洁之物，天照大御神便于此时诞生。下面是《古事记》中的有关记述①：

> 于是伊邪那岐说道："上流水急，下流水缓。"乃潜入中流洗涤，此时所生之神先是八十祸津日神，次为大祸津日神，此二神皆为因往污秽的黄泉国所得污垢所生之神。然后为消除此祸，所生之神是神直毗神，其次为大直毗神，再次为伊豆能卖神。在水底清洗时所生之神是底津绵津见神，次为底筒之男命。在水中清洗时所生之神是中津绵津见神，次为中筒之男命。在水上清洗时所生之神是上津绵津见神，次为上筒之男命。此三尊绵津见神，由阿昙族奉为祖神拜祭。阿昙族者乃绵津见神之子宇都志日金拆命的子孙。底筒之男命、中筒之男命、上筒之男命三尊神为墨江三大神。清洗左眼时所生之神名为天照大御神，清洗右眼时所生之神名为月读命，清洗鼻子时所生之神名为速须佐之男命。

太阳女神天照大御神是"父亲之女"，她生于父体，不识母亲。这是极不寻常的。在这个很多人一提到女性就会联想到"母亲"的国度，天照大御神身为女性却不知母亲为何物，而且拥有光芒万丈的太阳之躯。这一女性形象对于古代的日本人来说意义重大，他们甚或把她看作世界的中心。

人们在考虑事情的时候，通常喜欢采用二分法。计算机就是利用二分法的组合来解析复杂现象的。由此可见，二分法功能强大。

---

① 本书中有关《古事记》和《日本书纪》的引文，皆据岩波文库版《古事记》（仓野宪司校注，1963年）、《日本书纪》（全5册，坂本太郎、家永三郎、井上光贞、大野晋校注，1994—1995年）。《古事记》与《日本书纪》中神名相异者，除引文与原文相同外，原则上依从《古事记》的称呼。

因此，理所当然地，世界上很多神话也会把事物一分为二进行阐述。如后所述，日本的创世神话亦有多处从此法则。

世界上许多地域的神话中都存在天与地、光明与黑暗的对立区分，其中男性与女性的对立区分也十分显著。可以非常明确地说，古代人对男性和女性是有区分的。因而作为人们思考方式的一种对立轴，男性与女性这一区分非常有效。在此暂时撇开神话不谈，仅从人们的思考方式这一角度考察就会发现，依照男性与女性这一对立轴来看待事物时，便会产生所谓"大丈夫""小女子"的观念。纵然这种观念并不能正确反映男性与女性的本质，但是一旦形成此类认识，要打破这种思维方式是非常困难的，因为其中已经形成某种思维"框架"。

人们总会被这样一些"框架"所左右，可以说，共同拥有某种框架的群体即共同拥有某种文化；换句话说，每种文化有其固定的思维框架。当这种思维框架被认为"绝对正确"的时候，就会与其他文化产生冲突。这是人所共知的事实。

所以，人们需要通过充分了解自己所属的文化，来更好地理解其他文化，看到其他文化的优点，探寻不同文化之间的共存之道，或者说，体会文化本身的丰富性。

下面回到神话的话题。当把男性、女性的区分与太阳、月亮的区分放在一起思考时，会产生"男性-太阳、女性-月亮"和"女性-太阳、男性-月亮"两种不同的组合。太阳具有月亮无可比拟的亮度与热度，由此来看，是不是相对"男性-太阳"的组合而言，秉持"女性-太阳"这一组合观念的文化，就是女性至上的文化呢？

事情并非如此简单。在被太阳晒得酷热难当的热带地区，月亮更受欢迎也是可能的。日本人即便没有那么讨厌太阳，仅以《万叶集》为例，其中吟咏月亮的诗歌，数量就远远超过吟咏太阳的诗歌。

如果"女性-太阳"的组合表达的是女性至上，那么为何又特意让这样的女性诞生于父体呢？这与女性是由男性的肋骨创造的说法不是有着异曲同工之处吗？《圣经·旧约》中的这个故事，却是明确传达了男性的地位高于女性的观点。

就诞生于父体来说，希腊神话中的著名女神雅典娜也是典型的"父亲之女"，她全副武装从父亲的头颅中跳出。而她身上的装束，与后述天照大御神的装束亦有相似之处。

天照大御神在日本神话中具有重要的地位，此为共识。但是，她最初并不是作为父亲的唯一一位尊贵的神灵后代产生的，而只是"三位贵子"之一。那么，日本神话中占据中心位置的到底是哪一位神呢？

以上简单谈及太阳女神诞生的故事。仅此一节，便有诸多谜团。显而易见，用一般的方法很难理解。而且在世界神话中，这个故事既有自己的独特性，又与其他神话有所关联。这些特点在日本神话研究中具有普遍意义，正是我开篇最先谈及"太阳女神诞生"的神话的原因所在——虽然后面我会从天地初创开始系统地探讨整个日本神话。

在讨论具体的日本神话之前，我想先从一般意义上明确究竟何谓"神话"。

二　神话的含义

无论哪个民族，看到天空中光彩夺目的太阳时，都会被其不可思议的力量深深打动，同时感受到它的重要性。人们总是希望把

神话与日本人的心灵

自己的体会按照自己的理解，用语言传递给他人，人与人之间因此产生联系。但是把太阳只用"太阳"这个词来统一认识似乎略显不足，于是人们便将语言堆砌组合，使之成为一个故事，大家来共同享有"故事"这种更系统的东西。"世界观"由此形成，而拥有共同世界观的群体也相伴而生。

如此，一个部族要拥有作为部族的紧密统一，他们必须共同享有自己独特的故事体系。这个部族是在怎样的情形下、如何形成的，将来又会如何，讲述这些内容的就是"神话"。部族成员凭借神话找到他们的立身之本，一个统一的集体便得以建立并存续下去。

法国神话学家乔治·杜梅齐甚至说过这样的话，"失去了神话的民族就失去了生命力"①，言下之意，神话是一个民族的基石。或许有些人站在现代人的角度，很奇怪怎么会有神话这种荒唐无稽的东西。他们可能会说：追究太阳是男性还是女性的问题，真是愚蠢透顶，毫无必要。太阳就是一个灼热的球形天体，这不是妇孺皆知的事实吗？

古希腊人已经了解太阳是天空中的一个球形天体，为什么他们依然相信太阳是一位乘着四轮黄金马车的英雄呢？

分析心理学家C. G. 荣格曾在他的《自传》中有如下记述，可以作为理解神话产生原因的一个参考②。他在东非访问居住在埃尔贡山中的居民时，曾经问他们太阳是不是神，他们的老酋长回答说，太阳升起的时刻才是神。荣格深为所动，他说，"我终于明白，在

---

① 大林太良、吉田敦彦，《如何理解世界神话》，青土社，1998年。其中吉田敦彦提到尊师杜梅齐曾有此言。
② C. G. 荣格著，A. 亚飞编，河合隼雄、藤绳昭、出井淑子译，《荣格自传——回忆·梦·思想》1、2，みすず书房，1972—1973年。

人类的灵魂深处，从天地初创开始就一直存在着对光明的欲求和一种走出原始黑暗的不可遏制的渴望"，接着他又指出，"清晨太阳的诞生，对黑人们来说是一种具有无上意义的体验，激荡着他们的心灵。光明到来的瞬间就是神。那一瞬间带来了救赎与解放，这就是瞬间的原型体验。说太阳是神，就等于模糊、忘记了那一瞬间的原型体验"。

热衷于探讨太阳是不是神，不过是现代人的特点。与此相对，正如荣格的"光明到来的瞬间就是神"所表明的，彼一瞬间的体验本身称为"神"。或者说，在把这种原型体验传达给别人时，只能通过"故事"的形式，比如乘坐黄金马车的英雄来表达，这样的故事即为神话。

关于神话的意义，哲学家中村雄二郎曾非常恰切地论述了"神话的智慧"相对于"科学的智慧"的必要性。现代人都了解"科学的智慧"是很有用的，它使人们享受着便捷舒适的生活。然而我们并不能凭借科学的智慧解决世界及个人的所有问题，科学无法为"我是谁？我从哪里来？又到哪里去？"这样的根本性问题提供答案。

中村雄二郎在论及"科学的智慧"的特点时，明确指出[1]："科学的智慧，越向前发展，其研究对象及其自身愈加细化，使得研究对象丧失了它与我们形成有机联系的意识上的整体性，因此其对研究对象的影响也只能是部分的。"他同时指出，与此相反，"神话的智慧的基础，源于我们将周围的事物及由其构成的世界作为具有浓厚宇宙论意义的存在来把握的根本性欲求"。当仅仅依赖科学的智慧时，人们被从周边事物中分离出来，完全陷入孤独之境。科学的

---

① 中村雄二郎，《哲学的现在》，岩波书店，1977年。

　　　　　　　　神话与日本人的心灵

"分离"能力非常强大。

"故事"在诸多方面具有"联系"的作用。一棵树，如若仅从科学的角度来看，无论把它研究得多么详尽，始终不过是一棵树。人们可以"使用"或者"利用"它，却无法使它与心灵相连。然而，如果那棵树"是爷爷为纪念花甲诞辰种下的"，则令人油然而生亲切之感。抑或见树思亲，感受到与祖父的息息相通。总之，人与树产生了感情上的联系。这正是"故事"的功效。

没有"故事"，人类无法生存。无论是谁，当遇到奇特的或是令人感动的事情时，总会希望"讲述"给别人听。以故事为媒介，人们将自己的经历与其自身建立联系，也与他人建立联系。孩子们会黏着母亲说："妈妈，我跟你说……"来分享自己的故事。如果不予反应，不给孩子倾诉的机会，孩子就会罹患严重的精神性疾病。成人也喜欢"故事"，这一点去"小酒馆"看看就知道，那里的每个人都倾倒着自己的"故事"。微醺之下，意识的状态不似平日，却是讲述故事的极佳条件。吹吹牛皮、聊聊糗事，从而感到自己并不孤独，身边有他人相知相伴，从而获得迎接第二天的工作挑战的能量。

与个人性的故事不同，类似这块石头的由来、那棵树的来源这样的故事，是被众人共享的，这样的故事称为"传说"。借助传说故事，人们与特定的事物发生"联系"，并分享这种联系，人与人之间的联系亦由此产生。从合理性的观点来看显得荒唐无稽的"传说"，之所以能够经历时间的洗礼流传至今，就是因为"故事"具有"联系"的功能。

原本讲述特定事物的故事，脱离了特定的事物和时间，变成像"很久很久以前，有一个地方，生活着一个老爷爷和一个老奶奶"这样，既无特定时间也无特定的人和事的故事时，称为"民间故事"。"诞生于桃子的桃太郎"之类的故事，虽有人物的名字，但是名字本身已清楚地表明了它的虚构性。人们一方面深知这些故事在日常世界不会发生，另一方面又认为它表达了人们内心的"真实"，所以在民间广为流传，保持着旺盛的生命力。

相对于此，神话地位如何呢？对人们来说，神话也是"故事"。从这点来看，它与传说、民间故事没有本质上的区别。但是，神话通常与部族、国家等某个群体相关联，具有较为官方的性质。以日本神话为例，一般认为《古事记》《日本书纪》在编纂之时，其目的乃为向其他国家证明日本是一个独立的国家，或为奠定当时朝廷的政权基础。相对于《古事记》而言，《日本书纪》的这种色彩更加浓厚。

传说、民间故事和神话对人们来说都是不可或缺的"神话的智慧"。不过需要注意的是，如前所述，神话与特定群体的意图相关；而传说、民间故事则以朴素的形式表现了人们心灵深处的活动。在长时间的传承过程中，传说、民间故事和神话也会互相影响和变化。有时候，原本只属于特定区域的传说，随着其区域势力的增强而上升为神话；抑或与此相反，原来是神话的内容，随着时间的流淌，变成了传说或者民间故事。所以，从心理上来说，三者之间本质上没有太大区别。其中，流传至今的日本神话，故事体系比较完整，可以把它作为一个与全体日本人的心灵活动密切相关的东西来解读。

三　现代人与神话

前面已经论述过"神话的智慧"对于人类的必要性，那么现代人对此是如何认识的呢？实际上，现代人要获得"神话的智慧"非

1965年，我从瑞士回国。当时的日本，对本国神话的研究颇为冷清，感兴趣的学者寥寥无几。令人欣慰的是，后来以吉田敦彦、大林太良两位学者为中心，对日本神话的研究逐渐兴盛起来。本书对这些研究成果亦有参考。

研究神话，可以有诸多不同的方法，如宗教学、民族学、文学、文化人类学、历史学等各种研究角度。既可以考察神话传播的途径，也可以从神话的相似性推导出某种文化圈的存在，抑或去推理神话本身形成的过程。但是笔者的角度与这些完全不同，乃基于深层心理学的理论进行研究。换句话说，如前文所述，笔者认为神话对于人类来说是十分必要的，它与人们的内心世界存在着极为密切的联系。基于这一认识，笔者试图从神话中探求心灵深处的世界，同时，从神话中获取对我们实际生活的启迪。本书以日本神话为研究对象，重点探讨其中蕴含的日本人的心灵世界。

有一点必须澄清，虽然本书是从深层心理学的角度加以研究，但并不是把笔者所属的荣格派的方法"套用"于日本神话而得出结论。所谓深层心理学的研究，不是要把研究对象客观化，而是要深入其内部，与其共生共存，将其与在此过程中自己内心深处所产生的体验相对照，使研究不断深入。因此，这样的研究不是把研究对象纳入某种知识体系予以解释，而是通过亲身生存于研究对象之中去寻求一种答案。这项危险的工作，赤手空拳无法进行，也容易迷失自我。所以暂且把此前获得的知识体系——就笔者来说则是荣格心理学——作为一种方法。但是，笔者并不完全依赖于它，否则就无法有效把握研究对象了。

所谓"解读日本神话"，对笔者而言，就是纯粹的读解。其时最终发挥效力的，是我作为荣格派的分析学者，与各色人等交往的经验。本书记述的是，从事与日本人的心灵深层世界相关研究过程中形成的"我"这个人，沉浸于日本神话的世界而得到的感受。这与以往的"研究"有所不同，但是这样的研究自有其存在的意义。至于好坏，各位读者尽可对照自己的生活方式，自行判断。

姑且不论好坏，更重要的是本书能否为读者诸君在找寻各自个人的神话上助一臂之力。这些自己国家的神话，我在青年时代曾经全面抗拒，然而，在后来花费多年时间不断潜心研读的过程中，如本书后叙的那些关于它们的"解读"在我心中生根发芽。正如我多次强调的，如今的时代已不是日本神话就等同于自己的神话的时代。非常期待笔者的"解读"与读者的"解读"互相碰撞，火花四溅处，诞生每个人自己的神话。

第一章
世界初创

　　世上碌碌众生在日复一日的生活中，某天突然停下来，陷入思考："我为什么会在这里？""我所在的这个世界是什么时候、如何产生的呢？"我认为，这样的情景一定自远古起便时常发生，因为人类总是喜欢思考"为什么"或者"怎么回事"。神话的产生，正是为了解答这些疑问。这种解答为人们所接受，赋予他们心灵的解放。

　　几乎所有国家的神话中都有"世界初创"的部分。如前所述，作为对于人们质朴疑问的解答，此乃理所当然。但是仔细想来，"初创"的故事其实很难。你说这就是"开始"，可是如果仍然有人要问："那么，在此之前是怎样的呢？"又该如何应对？从逻辑上来考虑，的确存在这样的问题。如果说事情从某个时间点开始的话，想知道"在此之前的事"是很自然的。因此，神话在讲述"世界初创"的时候，必须具备一种非逻辑的令人信服的力量，使人坚信这就是"开始"，而无须追究更早。

　　现代人大概已经很难有这样坚定的信念。然而，对于那个神话活着的时代和民族来说，毫无疑问，它是被充分接纳的。无论研究哪个民族的神话，我们都要牢记这一点。那么，古代日本人是如何叙述世界开始的呢？

一　天地初创

日本的神话，通过《古事记》与《日本书纪》流传至今。《古事记》成书于712年，《日本书纪》成书于720年。仅仅相隔八年，便有两本不同的书问世。为什么会出现这种情况？两者有何关系？关于这些问题，专家各执其词，尚无定论。作为外行，笔者更无意加入讨论，仅单纯将其作为研究日本神话的资料来使用。

虽然研究界众说纷纭，但有一点基本上可以看作大家的共识：当时，日本人的国家意识空前高涨，急欲向其他国家彰显自身的存在及其由来，并巩固作为国家中心的天皇政权的地位。在研究神话时，这一背景不容忽视。尚需注意的是，《日本书纪》比《古事记》对上述意图表现得更加明显。

上述问题，倘若深入讨论将会无休无止，暂且止步于此。下面，首先来看一下《古事记》中是如何记述世界初创的。

> 天地始分之时，生成于高天原的诸神名号为：天之御中主神；其次为高御产巢日神；再次为神产巢日神。此三神皆为独神，且是隐身之神。
>
> 接着，当国土刚刚诞生，尚如浮脂、水母般漂浮不定之时，有物如苇牙般萌出，所形成之神名为宇摩志阿斯诃备比古迟神，其次为天之常立神。此二神亦为独神，且是隐身之神。
>
> 以上五位神为别天神。

此处开篇便讲"天地始分之时",没有探讨世界的形成过程,而是直接记述了此时出现的三位神的名字。同时,故事的发生地是"高天原",这个"地名"所指代的意义很不明确。又说这些神的特点是"皆为独神,且是隐身神",整体感觉更加晦涩难懂。

这个问题容后详论,再来看看《日本书纪》的开头部分。

> 古,天地未剖,阴阳不分,混沌如鸡子,溟涬而含牙。及其清阳者薄靡而为天、重浊者淹滞而为地,精妙之合搏易、重浊之凝竭难。故,天先成而地后定。然后,神圣,生其中焉。故曰,开辟之初,洲坏浮漂,譬犹游鱼之浮水上也。于时,天地之中生一物,状如苇牙。便化为神,号国常立尊。次国狭槌尊,次丰斟渟尊。凡三神矣。乾道独化,所以,成此纯男。[①]

其开篇虽然描写了天地、阴阳不分的状态、混沌的样子,等等,但是仔细读来,至其最后一句"神圣,生其中焉",不过是对天地形成的一般描述而已。接下来从"故曰"即"所以说"开始,才真正进入日本的神话。这样的神话开篇极为罕见,笔者读过大量世界神话,从未见过与此相似的例子。

当然,若从《日本书纪》的成书过程来考虑,这也并非难以理解。前面说过,当时的日本在与中国、朝鲜的国际交往中,迫切需要彰显自己是一个以天皇政权为核心的独立国家,《日本书纪》的编纂正是这一意图的体现。因此,它有必要从发端来解释日本国家

---

① 因为《日本书纪》原本使用汉字成书,所以本书中凡引用《日本书纪》处,译文皆据原文,只是将文字改为简体,并对标点符号作适当调整。原文出处:www.seisaku.bz/shoki index.html。《日本书纪》全文检索,所据底本为岩波古典文学大系本(卜部兼方·兼右本),1990年。——译注

的产生，所以书中才记述了世界的形成。然而饶有意味的是，它在开始的部分阐述的不是日本的形成，而只是一般性地描述了天与地的形成，从"所以说"开始才进入对日本的描述。此处所言"一般性描述"即开头的部分，经前辈学者考证，乃借鉴了中国《三五历纪》《淮南子》中的记述。

这一事实说明，当时的日本强烈地意识到先驱中国的存在。尽管如此，在叙述自己国家神话的时候，先借用他国的文字做一般性的描述，并试图以此来强化自己的故事，实在堪称一种奇特的思维方式。实际上，这种思维模式甚至已被现代日本人继承。

其次，《日本书纪》还有一个显著的特点，就是在上面引用的原文后面，以"一书曰"的形式，记录了许多相似的故事。仅就此段来说，便有多达六个类似的故事，在第四个故事中，以"又曰"的方式，记录了《古事记》中关于三神诞生于高天原之神的描述。

关于此段"一书曰"中的内容，将会在下一节中探讨。这里想要强调的是，既然编书的目的是确保国家或者天皇政权的正统性，那么理应从繁多的故事中，确定一个故事作为唯一的"正统"来记述。然而事实上，《日本书纪》却同时记录了各种类似的故事。这一做法的确不可思议，因为通常情况下，都是认定某一个"正统"故事，然后忽略其他的传说，有时甚至排除或抹杀他者的存在。

《日本书纪》为我们提供了很多相似的故事，后来的研究者对它们兴趣十足。然而从其成书意图来看，只能说是个特例。或许那个时代的日本，还没有欧洲人所谓"正统"的概念，抑或根本不曾考虑过通过强调严格的正统性来巩固国家的政权基础，而是遵从了在整体安定的情况下，允许一定程度的脱轨这一原则。这种倾向在现代日本人的精神中亦可见到。

二 生成与创造

仅由日本神话的开头部分，便可一窥其独特之处。如果站在更广阔的视角，将它与世界其他地方的神话加以比较，又会呈现出怎样的特点呢？

关于世界初创，有两种截然不同的叙述，一是认为这个世界由神创造，一是认为这个世界乃自然产生。也有说它是由伟大的女神创造的，比较而言，这种说法应该归类于后者。

日本神话属于自然生成型，与之形成鲜明对立的是神造世界的故事。称《圣经·旧约》中的故事为"神话"，可能会引起某些基督徒的不满，笔者对此不予置评，这里，仅将它作为对世界初创的叙述与其他神话加以比较。下面的引用是《圣经·旧约》中的故事。

> 起初神创造天地。地是空虚混沌。渊面黑暗。神的灵运行在水面上。神说，要有光，就有了光。神看光是好的，就把光暗分开了。神称光为昼，称暗为夜。有晚上，有早晨，这是头一日。

这是包括犹太-基督教、伊斯兰教在内的"闪族-神教"所共有的创世神话。与自然生成型不同，它明确区分了创造者与被创造者。神是创生万物的主体，是故事产生的大前提。这是两种创世神话之间根本性的差别，也是文化差异的根源所在。

兴起于近代欧洲的文明风头愈劲，与其赶超对象美利坚合众国一起，欧美文化席卷全世界。如今，G7，或者把俄罗斯也包括进来的G8中，除了日本，其他国家都属于基督教文化圈，日本的处境极为特别。其他七个国家在世界是如何形成的这一点上，拥有共同的神话故事，只有日本是不同的。我们必须清楚地认识到这一事实。在与这些国家交往时，日本人能够在何种程度上理解神的创造，或者反过来说，那些国家的人能在多大程度上接受世界是自然生成的说法，都是非常重要的。

或许有人觉得这是无稽之谈。但是这里提到的差异，在现代社会中依然以各种形式存在。明确区分神与被创造者，以及《圣经》后续内容中明确区分人与其他被创造者，这是一种世界观；人与其他世间万物平等生成，则是另一种世界观。世界观不同，会造成诸多差异。我们不仅要意识到这种差异，还应该思考怎样更好地相互理解。要达到这一目的，就必须详细了解两者之间的差别。

上面提到，《日本书纪》的开头部分借鉴了中国的《三五历纪》和《淮南子》，由此可以清楚地看到，日本和中国都没有世界是由创世主创造的这种思想。

《日本书纪》中所描述的"洲坏浮漂，譬犹游鱼之浮水上"的状态，以及《古事记》中所描述的"尚如浮脂、水母般漂浮不定之时"的状态，乃为天地起始，此后诸神自然生成于天地之间。如后所述，神的名号逐渐固定下来（当然，《古事记》是在一开始就告知三神的名字，下一节中详论）。"一书曰"中记录的内容也与此并无多少根本性的区别。

有形之物或者有名字的东西诞生于一片混沌之中，这是世界上许多神话中常见的形式。

比如，古代埃及神话认为宇宙被称作"努"的原始海洋隔开。而古希腊诗人赫希俄德的叙事诗《神统记》①中也说，世界之初先有混沌（Chaos），其后大地女神盖亚才出现。换言之，世界伊始乃为

_____

① 另译《神谱》。——译注

混沌。

《圣经·旧约》中则说神将光与暗分开。无论怎样，于混沌中加以某种区分，在创世之初极为关键。或许出于这个原因，有些神话将"天地分离"作为重要的事件来记述。常用于此例的新西兰毛利族的美丽神话便是如此。此处免于详述，只摘其大要如下。

天神朗基与大地女神帕芭结为夫妇，他们紧紧贴在一起。二人生了很多孩子，孩子们却没有空间站立起来，于是他们商议将父母分开。大家一起把朗基举起来，让他离开帕芭。数次失败之后，终于把朗基举上高空，成功将天地分离开来。朗基与帕芭悲痛不已，朗基的眼泪化作雨水降落，帕芭的哀愁化作雾气向天空飘去。

日本神话中虽然没有明确地描述天地分离，但这一主题仍然以某种变形存在于后面的神话之中，尚需留意。

在其他类型的天地创造神话中，不能不提中国"盘古开天辟地"的故事，后面我将会探讨它与日本神话的关联。此处简述故事梗概如下。

宇宙之初，一片混沌，巨人盘古生于其中。经一万八千年，混沌中明亮清澄之物上升以为天，黑暗浑浊之物下降以为地，天地乃成。盘古于天地间迅速长高，彻底将天地撑开。后盘古死，万物从其躯体而生。死前呼出的那口气化作风和云，怒吼化作雷声，左眼化作太阳，右眼化作月亮，四肢与躯干化作高山；血液变成河川，肌肉变成泥土，须发变成数不清的星星；体毛化为草木，牙齿和骨骼化为矿物、岩石，汗水化为雨水。世界变得丰富多彩。

盘古开天辟地的故事，实际上是把世界看作一个巨人。类似的神话还有诸如印度的梵天创世神话、北欧的伊米尔神话等，此处从略。从上面的故事梗概中可以看到，盘古神话的开篇正是《日本书纪》开头对世界的一般化描述。同时我们也可以看到，日本神话并没有原原本本地将盘古的故事移植过来。不过盘古双眼变成日月的部分，与后面要谈到的日本神话中日月的诞生是有相似之处的。

说到创世神话，不得不提的还有凯尔特神话。凯尔特是在基督教之前，覆盖整个欧洲的文化。它被基督教绞杀殆尽，如今只在爱尔兰尚有些许残存，最近忽然备受关注。笔者也对凯尔特文化非常感兴趣，曾于2001年在爱尔兰滞留大约一个月，研究其神话与民间故事。发现其中有与日本神话类似的地方当然令人激动，但其时给我印象最深的一点却是，凯尔特文化中没有严格意义上的创世神话。

凯尔特神话将神话与历史相联结，这一点与日本相同。但是在讲述爱尔兰的国家创生时，它开篇直接讲凯尔特人的祖先来到爱尔兰，然后就是丰富多彩的神话，却对爱尔兰这片土地从何而来的问题根本不予理会。

仔细想来，这是一个很好的策略。我们的祖先是从遥远的地方渡海而来，所以这个国家的存在，或者位于海的另一边的国家的由来是无须说明的。这与爱尔兰是一个岛国有很大关系。国土四面环海，可以想见，所谓"海的另一边"，具有重大的意义。仅此足矣，无须再探究之前的事情。放在日本神话里，这便譬如从天孙降临开始讲起。不由得令人感叹，一个"世界初创"，竟也可以如此多姿多彩。

三 第一个三元结构

以上就"世界初创"，比较了日本的神话与世界其他神话。再来回顾一下《古事记》的开头，其中没有任何铺垫，直接报出三位神的名字，即天之御中主神、高御产巢日神和神产巢日神。并说三神皆为独神，且是隐身之神。

开篇即有三位神同时出现，这样的神话可谓独树一帜。换言之，这意味着它认为此三神共同支撑着国家诞生的基础。圣经中的唯一神是创生神，世界万物皆由此神创造。与此相对，这三位神因为位于开篇，显然非常重要，但是他们却并非"创生"之神。那么，他们究竟因何存在？又为何必须三个一组，以三元结构的形式出现呢？

虽然三位神同时出现在神话开篇的现象比较罕见，但三元结构在世界神话中却是常有的。当我们数一、二、三的时候，"一"即开始，是唯一。到了"二"，就产生了分离、对立、协调、均衡等多种情况。事实上，"两个创造者"也是神话中常见的主题。到了"三"，"二"的各种情况更加多样化，"三足鼎立"的政治形势经常出现于世界历史的长河中。人们喜欢用二元对立的方式思考问题、处理事情，但第三个因素的加入却赋予二元对立的结构更多的活力。不仅如此，还有观点认为，相对于对立性的二元区分，三元的分类使得整体结构更加立体化。即三元性的思维方式比二元思维意象更加丰富。

又譬如，像鼎类之物，三条腿可以支撑住，两条腿则不能。也就是说，"三"这个数字所含有的稳定性，大大高于"二"的稳定性。这是出现三元结构的理由之一。

在论述三元结构之前，先来简单谈谈"两个创造者"这一主题。因为它既关系到三元结构的问题，也关系到后面要涉及的日本神话的问题——比如大国主神与少名毗古那神。

从荣格心理学的角度研究世界神话的冯·弗朗茨，曾用一章的内容来探讨"两个创造者"的问题。①

　　冯·弗朗茨主要分析了存在于非洲和美洲的原住民神话中的"两个创造者"的故事。按照她的研究，"两个创造者的主题中几乎没有激烈的善恶对立"，两者之间的对比并不强烈，"一方较开朗，另一方较忧郁；或者一方较男性化，另一方较女性化；一个聪明伶俐，另一个笨拙、呆傻、野蛮，等等"，二者之间并没有强烈的伦理性对立。

　　冯·弗朗茨举了一个很有意思的例子，就是"中部加利福尼亚州北方的艾可玛维族"有趣的神话故事，下面予以简单介绍：世界伊始，晴朗的天空中突然云朵丛生，聚集而成郊狼；接着沼沼雾气化作银狐。他们两个建造船只，将其浮于水面，居于其中。年岁既久，甚感无聊。于是银狐劝郊狼睡下，用自己的毛建造了陆地，又加以树木岩石。当船行至此新世界，银狐叫醒郊狼，共同登上陆地，开始了新生活。

　　在这个故事中，两个创造者的特点是一个在工作，另一个却只是沉睡。对于这一现象，冯·弗朗茨认为，郊狼作为银狐的伙伴，是"以睡觉的形式来做出贡献"的。这个解释的确颇有意思。她在书的另一章中举的一个例子，更清楚地阐释了她的观点，即下面这个美洲原住民约书亚的神话。

　　有两个创造者，一个名叫克拉瓦斯，另外一个姓名不详。克拉瓦斯致力于创造动物和人类，却接连两次失败。他的同伴无所事事地吸着烟。这时，一栋房屋出现了，一位美女从里面走出来。同伴与美女结婚，生了16个孩子，他们孕育了美洲原住民的所有种族。

---

① Marie-Louise von Franz 著，富山太佳夫、富山芳子译，《创世神话》（"世界創造の神話"），人文书院，1990年。

同非洲及美洲原住民神话相似，包括日本神话所表现出来的，是与自然共存的人类深知无为——顺其自然——的意义。老庄思想就是把它作为一种思想诉诸语言。所以，与其说天之御中主神是受老庄思想的影响创造出来的神，不如说是日本自古以来的世界观、宗教观的体现。当然，观念是与老庄相通的。

四　众神罗列

上面探讨了《古事记》开篇的三元结构。引文中说紧接这三位神后面出现的两位神是独神、隐身神。

下面列举的是接下来出现的神的名号，其中前两位是独神，后面的神则是成对的神。

国之常立神

丰云野神

宇比地迩神　妹须比智迩神

角杙神　妹活杙神

意富斗能地神　妹大斗乃辨神

於母陀流神　妹阿夜诃志古泥神

伊邪那岐神　妹伊邪那美神

《日本书纪》中与此相应的部分，除了众神的名称略有不同，同样是在独神之后，出现成对的神。前面引用了《日本书纪》的开头，其中首先出现的是国常立尊，三位独神之后是四对男女神，最后是伊邪那岐和伊邪那美，排列与《古事记》相同（汉字表记不同）。此谓"神世七代"。在《古事记》中，则是先有五位"别天神"，然后从国之常立神开始，与其后的神并称"神世七代"。

我们可以详细研究这些神的名字以及"记纪"①的异同，但于此处从略。本节将要集中探讨的是，为什么在开天辟地的主神伊邪那岐与伊邪那美出现之前，先罗列这么多神的名字？不管是《古事记》还是《日本书纪》，其实都可以把伊邪那岐和伊邪那美作为"最早的"夫妇神来开始叙述，却偏偏记录了那么多独神与对神的名字，而这些神在之后的记述中又完全不见踪影，不由得令人疑窦丛生："神世七代"的诸神到底有何意义？

　　我们可以在前面引用过的冯·弗朗茨的《创世神话》中找到完美的答案。她首先指出，创世神话中存在"长长的世代罗列"，然后，举萨摩亚群岛的宇宙创生神话为例，如下。

　　　　坦噶洛亚神住在遥远的宇宙，他创造了万物。他只身一人，没有天也没有地。他只身一人，在宇宙中踯躅，没有海洋也没有大地。在他站立的地方，有一块岩石叫作坦噶洛亚－法突突普－努，万物将生于岩石，然万物尚未诞生。天尚未创生，那岩石在神站立的地方不断变大。

　　　　于是坦噶洛亚对岩石命令道："裂开！"从里面出来的是帕帕－塔奥－陶与帕帕－索索－罗，然后是帕帕－拉乌－阿－阿乌、帕帕－阿诺－阿诺、帕帕－艾莱、帕帕－突、帕帕－阿姆以及他们的孩子们。

　　　　坦噶洛亚站在那里，面朝西对岩石发令。他用右手敲打岩石，岩石再次裂开，产生了大地上所有部族的父母和大海。大海覆盖了帕帕－索索－罗，帕帕－塔奥－陶对帕帕－索索－罗说："被祝福的人啊，大海是你的。"

───────────────

① 研究者通常将《古事记》和《日本书纪》合称为"记纪"。——译注

然后坦噶洛亚转向右方，出现了水。坦噶洛亚对岩石发令，诞生了突伊-特-朗基。然后是伊尔，意思是"无限"。意为"宇宙"的玛玛奥也同时以女性的形象出现。接着走出尼乌-阿奥。坦噶洛亚又对岩石发令，男孩卢阿奥诞生，再次发令，少女卢阿-巴依诞生。坦噶洛亚把他们两个放到萨-突阿-朗基岛上。

　　坦噶洛亚继续发令，诞生了男孩奥阿-巴里，以及少女恩伽奥-恩伽奥-勒-特依，然后出现了男人，然后是灵安伽-恩伽，然后是心洛特，然后是意志芬伽罗，最后出现的是思考马萨罗。

　　这就是坦噶洛亚的创世神话，的确是众神名字的罗列。冯·弗朗茨指出，名称罗列现象在波利尼西亚及新西兰的许多宇宙创造神话中很常见。这些神话的特点是：在诸神的罗列过程中，神灵的形象逐渐趋于明朗，并过渡到人类。而日本神话从众神罗列到对人的描述，中间还有相当大的间隔。它是经过神与人共存的一段时期后，才过渡到人类世界的。

　　饶有趣味的是，冯·弗朗茨认为，这些神话"是尚未崩坏的不开化文明或者半开化文明所特有的。日本的文明，虽然与我们所说的不开化文明不同，却不曾割裂作为其本源的原始性的根，一直保持着连续性"。现在我们不再使用"不开化"这个词，冯·弗朗茨的意思是，日本如今虽然已经进入"发达国家"的行列，却不可思议地保持了自古至今的连续性。而其他发达国家均属基督教文化圈，以与唯一神的紧密联结为精神支柱，从而割断了自身与"原始性的根"的联系。

　　对于众神名称的罗列，可以采用冯·弗朗茨的理解。如果换一个角度来表达与之相同的观点的话，是不是也可以这样说：当把伊邪那岐、伊邪那美作为世界伊始来看时，故事的确可以从此处开始，但是，要将世界开始之前难以言表的状态诉诸语言时，便出现了罗列众神名称的现象。在明确的概念产生之前，会有某种"概念之前"的心智活动。这很难用语言来描述，却又非什么都没想。虽然不能明确知道它到底是什么，但是的确有一种脱离混沌、向某个方向发展的意识。把它勉强化为语言，便成为对神的名字的堆砌。就《古事记》而言，众神名称罗列产生的基础就是三元结构。

神话与日本人的心灵

第二章
生成国土之父母神

在上述诸神名号的罗列之后出现的是伊邪那岐、伊邪那美这对男女神，从此处开始，神话的风格为之一变。换言之，伊邪那岐和伊邪那美与之前名义上的成对神不同，他们结婚并创造了日本的国土。就这一点来说，或许可以称他们为真正的创生神，而他们之前的神则相当于创生神的根基。又或者，与其他文化中的神话相比较，似乎它讲述的是最初人类的诞生，由于日本神话中神与人的连续性很强，遂令人有此感觉。

伊邪那岐、伊邪那美作为生成国土之父母神发挥着重要作用，无论在《古事记》还是《日本书纪》中的记载，均是如此。但是故事的展开依然存在某些差异，其不同之处耐人寻味。下面先来看《古事记》的描述。

> 于是因奉诸位天神之命，（被称为）伊邪那岐命、伊邪那美命。天神命令二神："去把那漂浮着的国土整固完成。"赐给天之琼矛，委以此任。二神站在天之浮桥，将琼矛伸下去搅动，搅得海水骨碌作响。将琼矛提起来时，矛尖滴落的海水积

成一岛，是为淤能碁吕岛。

此节中给伊邪那岐、伊邪那美下命令的天神名号不详，这种模糊的设定很有意思，或许是因为不想明确指定谁是"最高神"。"天之琼矛"的表述，有象征性交的意思，而伊邪那岐对伊邪那美说的话则是更直白的性的表达。早期的日本神话英译者B. H. 张伯伦认为此段过于猥亵，而把它译为拉丁文。类似对性的强烈排斥，在欧洲的近代社会屡见不鲜，也是源于受到基督教的强烈影响。看过《圣经》的人都知道，里面充斥着强烈的对"性"的排斥与轻蔑。但是，世界神话中却多有对于性和男女关系的直接描述。

性对人类而言极为重要，所以出现在神话中是很自然的。觉得它猥琐、下流不过是近代人的偏见。当要强调人的理性的时候，把最容易使人丧失理性的"性"作为排斥、批判的对象，也是完全可以理解的。

一　结婚仪式

继续看《古事记》，接着讲的是伊邪那岐与伊邪那美结婚，描述了他们的结婚仪式。下面是《古事记》中紧接上段引文之后的部分：

> 二神降临此岛，竖立天之御柱，建成八寻殿。因问伊邪那美命道："你的身体长得如何？"答曰："我的身体已经长成，然有一处未合。"于是伊邪那岐命道："我的身体已经长成，然一处多余。故欲以我身之多余处填塞汝之未合处以产生国土，如何？"伊邪那美命应道："可。"伊邪那岐命道："既然如此，

你我绕此天之御柱而行，相遇即媾和。"约定好后又说："那么，你向右绕，我向左绕。"如约绕行至相遇，伊邪那美命先开口道："啊呀，真是一个好男子！"伊邪那岐命后开口道："啊呀，真是一个好女子！"各自言毕，乃告女曰："女人先说话，不吉。"然后媾和，生子水蛭子。将此子置于芦舟中，使流去弃之。次生淡岛，此子亦不入所生诸子之列。

这一段故事意味深远。说的是因为结婚仪式顺序的颠倒，生出不健全的孩子，并弃之于浮舟之中。创造之初，先失败再成功的例子在世界神话中比较常见。大林太良研究认为，"国土创生神话"的源流来自东南亚、大洋洲。他指出：华南苗族、瑶族的神话，与水蛭子的故事一样，也是第一个孩子不健全[①]。关于其含义，后文再做探讨。接着来看《古事记》的记述。

　　　于是，二神商议："如今我等所生之子不良，当往天神处请教。"即共往拜见，请示于天神。天神乃命占卜，遂告曰："因女先言，是故不良，返回重说。"于是返回，再次如先前绕柱而行。伊邪那岐命先说道："啊呀，真是一个好女子！"然后，伊邪那美命才说道："啊呀，真是一个好男子！"

因为生出不健全的孩子，伊邪那岐、伊邪那美前去请示天神——此处依然名号不详。天神通过占卜得知，女性先说话不吉。这里需要注意的是，结论不是出自天神的判断，而是来自占卜的结果。如果是一神教的神的话，绝对不会发生这样的事。这段故事在

---

① 大林太良，《神话的谱系——探寻日本神话的源流》，青土社，1986年。

《日本书纪》中，正文没有提到占卜，但在后面的"一书曰"中有。

原文的引用暂告一段落，先来探究一下占卜的意义。在《古事记》中，一旦需要做重大的决定，就会实施占卜。上述结婚仪式出现问题之时，天照大御神藏身天之石洞不肯出来而令诸神手足无措之时，均是如此。以及后来书中对人类世界的记述的部分，讲到垂仁天皇因为儿子本牟智和气长大之后不会说话，非常担心，梦中有天神告知："若把我的宫殿建得如皇宫般富丽堂皇，王子定能开口说话。"他为了弄清楚到底是哪位天神的神谕，而命人占卜。

此种占卜称为"太占"，具体的方法在天之石洞神话处有记述。"令天儿屋命、布刀玉命取天香山牡鹿的整个肩骨，又取天香山的朱樱，以为占卜。"朱樱即桦树，用它来烤鹿的肩骨，通过烤出的裂纹来占卜。一般认为这种占卜方式源于日本的弥生时代，很可能是随着水稻种植一起，从中国大陆传播来的。

不管怎样，天神占卜的故事值得思考。《日本书纪》的正文中没有提到结婚仪式和天之石洞神话中的占卜情节，但是记述了垂仁天皇为本牟智和气王子之事所进行的占卜，所以很明显，前面的不提占卜是有意避讳。比较《古事记》与《日本书纪》关于天之石洞故事的记述可以发现，其他地方都是一致的，只有占卜的部分不见于后者。大概是因为《日本书纪》本身具有较强的针对外国的政治性意图，所以删掉了天神占卜的情节。

这一点也适用于结婚仪式的部分。《古事记》中是天神根据太占的结果来做判断，而《日本书纪》中则说，伊邪那美先说话令伊邪那岐大为不悦，认为应该男性先说，于是重来一遍（此处没有关于水蛭子诞生的记述）。也就是说，这里是神由自己的意志决定重做的，没有占卜的介入。《日本书纪》的作者，实在是用心良苦，不放过微小的细节。可以推断，《古事记》中的故事更加久远，《日本书纪》则考虑到与外国的关系，对故事进行了修改。

结婚仪式一节，认为女性不宜先开口说话，于是特意重新举行仪式，由男性先发言，终获圆满。尤其在《日本书纪》中，更是明确地由男神之口说出：我是男性，理当先说，怎能女性先开口呢？此事不可，重新来做！明显地表现出男尊女卑的思想。

在结婚仪式这一部分，《日本书纪》中记录了十个"一书曰"。如前所述，《古事记》与《日本书纪》诸多方面存在差异，所以一些故事会有很多不同的版本。无论是民间故事还是神话故事，一个故事有众多版本，意味着对故事的主题存在不同的理解，某种意义上也可以说是源于故事主题的不确定性。下表整理了关于结婚仪式的所有记述。

表1　伊邪那岐、伊邪那美结婚

	绕柱	先发言者	结果	第二次仪式
《古事记》	女：向右 男：向左	女	生水蛭子、淡岛	男：首先发言
《日本书纪》 正文	女：向右 男：向左	女	男性抗议	男：首先发言
一书曰（1）	女：向左 男：向右	女	生蛭儿、淡洲	男：向左绕柱 女：向右绕柱 男：首先发言
一书曰（5）		女		男：首先发言
一书曰（10）		女	生淡路洲、蛭儿	

从表1可以看出，首先在绕柱而行的方向上存在差异。《古事

记》与《日本书纪》中均为女右男左，只是《日本书纪》第四段的"一书曰"（1）中是女左男右，但在第二次绕柱的时候变成女右男左。由此推断，男性向左绕是正确的。"一书曰"（5）（10）中则没有相关描述。关于水蛭子的诞生，有的有记述，有的没有记述。《日本书纪》正文没有提到此事，它出现在下一段中，这也是需要注意的。

《日本书纪》的正文明显带有尊崇男性的色彩，竟然因为女性首先发言而特意去修正，这似乎说明，社会由之前的女性尊崇转变为男性尊崇了。但是实际上，我们知道，接下来的故事里，居于高天原众神之首的乃是太阳女神天照大御神。这不由得令人产生疑问：在日本神话中，男性和女性究竟哪一方的地位更高呢？这个问题，应该通过对日本神话整体的研究来阐释。这里，仅就神话中男性与女性的问题，以其他文化中的神话作为参照，在一定程度上做一般意义上的探讨。

二　男性与女性

男性与女性的问题，是人类永恒的课题。同为人类，男性与女性却是截然不同的存在。二者之间到底是怎样的关系，这是个很难回答的问题。使情况变得更加混乱的一个重要原因，是人们习惯于将男性与女性对立起来，将二者的区别作为思考问题的判断轴。人类的意识起源于对事物的区分，如前文在创世神话中所讲到的天与地、光与暗等的区分。之后，人类的意识构造逐渐分化、发展到今天，但构成其基础的仍然是二分法。面对世界各种纷繁复杂的现象，人们试图使用二分法将其分解组合，纳入一个体系。如果一切顺理成章，就可以在这个体系中对现象做出解释、判断，从而把

神话与日本人的心灵

握这些现象。当今，计算机使用0和1的不同组合，发挥着巨大的威力，就是一个很好的例子。二分法的思维方式如此有效，以至人类把它广泛应用于各个领域。但在将它用于区分男性与女性时，却产生了难以解决的问题。

如果使用善恶、上下、优劣、强弱这样的二分法来区分男女的话，就会产生诸如男善女恶之类的分别。实际上，人类是最不适宜使用二分法来区分判断的对象。但是，如果无论如何也需要一个简便易行的判断方式，而男女的不同又是那么显而易见，为了维护一种文化或社会的"秩序"，人们便硬性规定男性"应当如何"、女性"应当如何"，这作为一种不成文的约定，或许能被人们接受。自古以来，所有的文化与社会都是如此。时间久了，人们就会相信男女生当如此，或者认为这就是维护社会秩序的"道德"。现在，人们尝试修正这种被强加的所谓男女特质，无疑是件好事。但是即便问题得到解决，男女的不同依然存在。不论男女，作为个人，如何演绎好自己的角色，将会是一个永恒的课题。

另一个在性别问题上比较容易产生混乱点在于，家族内的父权与女权、父系与母系，和作为心理学原理的父性心理与母性心理，二者并不一致。这个问题后面详加论述，此处仅提醒留意。

下面探讨一下神话中对待男女的方式。且不管这些内容是不是适合叫作神话，先来看看《圣经·旧约》。其中有一段故事说，女性是由男性身体的一部分造成的。

《旧约》中说，神造天地，七日完成。第六日时，"神就照着自己的形象造人，乃是照着他的形象造男造女"。（《创世记》第一章27）第二章中详细叙述了造人的经过："耶和华神用地上的尘土造人，将生气吹在他鼻孔里。"神把他带到伊甸园，造出飞鸟走兽之后，"耶和华神使他沉睡，他就睡了。于是取下他的一条肋骨，又把肉合起来。耶和华神就用那人身上所取的肋骨，造成一个女人，领她到那人跟前。"在这段描述中，女人是由男人的一根肋骨造成的。

非但如此，众所周知，《圣经·旧约》中说，最早的女性在蛇的引诱下，偷吃禁果，也把禁果拿给丈夫吃了，于是触怒耶和华神，他们被赶出伊甸园。如此，人类生来背负着"原罪"。究其根源，是女性受蛇的引诱犯下的罪过。

如何理解犹太–基督教中的男女差异？难道当时的人们，不知道人是从母亲肚子里生出来的吗？当然知道。即如《圣经》，之后的所有人物均由母体诞生，就连神耶稣基督也是母亲生的。但是……犹太–基督教的信徒们说"最早的时候是不一样的"。最早的时候，女性是男性的一部分，而且一开始便犯下了重罪。

为什么会产生这么明显地表达男尊女卑的神话呢？以下是我的主观推论。一般认为人类的历史大概有五百万年，大约从一万两千年前开始出现了农业、畜牧业等新的谋生方式，这与人类意欲支配自然以及语言的发展应当是同步的。可以认为，当人类用语言化的神话为自己的生活方式提供参照的时候，便出现了男尊女卑的故事。当人们顺从自然生活的时候，诞生孩子的"母亲"当然是最伟大的，此时是以大母神为中心的神话的繁盛期。但当生活方式发生改变之后，重心从母亲转移到父亲、从女性转移到男性。在神话中，男性被作为人类意识的区别能力、创造语言的能力、支配自然的能力的象征，相对于女性具有更加优越的地位。当然，如前所述，人类其实是不适合这样的二分法的，基督教中对于马利亚重要性的强调便是一个例证。本文对此不进行深入探讨。

以上是对犹太–基督教的分析，那么与自然关系更加紧密的神话又是如何呢？日本神话当属其中之一，且容今后再论。还是先看一个其他国家的例子。

大林太良研究了关于人类起源的各种神话，其中有一个爪哇国的故事①。这个故事略嫌冗长，但是它不仅与男女的问题有关系，还与其他问题有关联，所以在此予以介绍。

　　　创生神创造了天空、太阳、月亮、大地，接着要创造人类。他用黏土捏好了人的形状，却因为太重，掉到地上摔碎了，一块块碎片变成了一个个恶魔。创生神重新造人，这次获得成功。神赋予泥人男人的形体，又赋予他生命与感情、意志与性格、精神与灵魂三位一体的力量。接着，神想，"一个人是没有办法在大地上繁衍生息的，再给他造一个妻子吧"，可是造人的黏土用完了。

　　　于是神把月亮的圆润、蛇的婀娜、常春藤的缠绵、小草的摇曳多姿、大麦的苗条、鲜花的清香、树叶的清爽、麋鹿的眼神、日光的愉悦与快乐、风的敏捷、云的泪水、绒毛的奢华、小鸟的易受惊吓、蜜汁的甘甜、孔雀的虚荣、燕子的柳腰、钻石的美丽和雉鸠的叫声收集起来，调和在一起创造了女人，给男人做妻子。

　　后面的故事也很有意思。过了两三天，男人到神那里去告状，说女人终日喋喋不休，芝麻大小的事也要抱怨。于是神把女人带走了。可是，男人又来了，说一个人太无聊，于是神把女人还给他。不到三天，男人又来诉苦，但是这次创生神命令他，尽全力过好两个人在一起的日子。男人悲哀地说："啊啊，太可悲了！和她在一起，我简直活不下去；可是没有她，我也活不下去。"

----

①　大林太良，《神话学入门》，中公新书，1966年。

爪哇神话的结局非常耐人寻味。不过与其说是神话，不如说是大分文化产生后的寓言。虽然在故事开始时，创生神第一次造人失败的情节让人联想到水蛭子，但是后面的故事令人强烈感觉到父权社会的男性视点。《圣经·旧约》是从男女的本源状态上来讲的，而爪哇的故事则讲述了父权社会（不限于心理上的父性）中，男性对女性的感觉。

在与自然关系紧密的文化中，关于男性与女性的神话还有美洲原住民纳瓦霍族的神话[①]。故事很长，简介如下。

最早的男人阿罗切·哈斯丁为了让妻子——最早的女人阿罗切·阿斯伽吃饱喝足，很卖力地去打猎。他打了一只鹿回来，两人吃饱后，女人说："啊，私处西吉奥斯，谢谢你！"对自己的私处表示感谢。男人大怒：是我把鹿拿回家给你吃的，你应该感谢的是我！不料女人毫不在乎地说：男人干这干那，还不是为了女人的私处，这等于是私处西吉奥斯在打猎。二人发生口角，最早的男人跑出家门。

最早的男人阿罗切·哈斯丁对村里的男人们说，没有女人，男人照样可以生活。他号召男人们都来试试，所有的男人乘坐筏子渡河而去。虽然有的年轻男子与妻子告别时忍不住流下了眼泪，但他们还是全都听从了最早的男人的命令。

男女分开之后，刚开始的时候，日子还算好过。渐渐地，双方都不堪其苦。有的女人赤身裸体诱惑对岸的男人，也有一些女人想游过河去，结果溺死在水中。还有一些男人和女人，欲火难耐，耽溺于自慰。就这样，四年过去了。

有个叫基伊特埃斯基的男人，他的名字在白人的语言中意思是

---

① 保罗·G.佐罗布罗德著，金关寿夫、迫村裕子译，《美洲·印第安神话——纳瓦霍族创世神话》，大修馆书店，1989年。

"被包装的男人"。他在晚上吃鹿肉的时候想起自己的妻子，把持不住，想用鹿的肝脏来发泄性欲。这时，名叫奈厄修迦的猫头鹰发出"嗬嗬嗬"的叫声，制止了他。这样的事发生了数次，终于有一天，猫头鹰对基伊特埃斯基说，男人和女人应该重新在一起。基伊特埃斯基听从猫头鹰的建议，想去说服最早的男人，但是想起他当年的盛怒，于是调整策略，请来有名望的老人们，向他们建议男女应该重新一起生活。

男女分居第四年的年终，"最早的男人"阿罗切·哈斯丁开始质疑自己的决定，他征求其他男人的意见。他们有的提起女人跳入河中之事，有的说："如果女人们死光了，没有她们怎么繁衍后代啊？"阿罗切·哈斯丁也开始重新思考应该怎么做才好。于是他向河对岸呼喊，叫出"最早的女人"阿罗切·阿斯伽，问道："你现在还认为靠你们自己就能生活吗？"女人答道："我已经不这么想了。女人独自一人是无法生活的，我很后悔当初对你说过的那些话。"男人说："我也不好，不该生你的气。"就这样，男女和解，继续共同生活。

这个神话的特点，一是赤裸裸地表现了性的问题，二是男女地位的平等。上述这段故事中有很多省略，原文很长，对性的描写非常细致，颇费笔墨。张伯伦在翻译日本神话时曾受困于此，如果他看到纳瓦霍族的神话该做何感想？当生活方式与自然密不可分时，性也是自然的一部分，没有必要藏着掖着或者否定它。另外一个令人印象深刻的情况是，和解的时候，没有任何合约或规定，而是自然而然地恢复到原来的样子。可以说，自然的智慧作用于一切。再次，对和解起推动作用的是在夜间活动的猫头鹰，这一点也很耐人寻味。大概是因为仅凭黑白分明的白昼的智慧，是无法找到和解之道的吧？

三　意识的形式

上一节集中探讨、比较了神话中对于男性与女性的表现，这是因为荣格派的分析学者在研究人类意识的形式的时候，多使用父权意识（patriarchal consciousness）、母权意识（matriarchal consciousness）的概念，并用父亲、母亲、男性、女性的形象作为意识形式的象征。

荣格派心理分析学者埃利希·诺伊曼认为，人类意识的形式，尤其是欧洲近代出现的"自我"（ego），在人类精神史上是极为特别的，他试图从神话中探寻其产生的根源①。

诺伊曼把与无意识明确分离、摆脱了无意识的影响并试图支配无意识的强烈意识称为父权意识，而把无意识与意识没有明确分离开来的意识形式称为母权意识。他指出，这种概念不同于现实社会中的男性、女性概念，西方近代社会中，无论男女，都确立了父权意识，而在非近代社会，则男女都是母权意识。

父权意识以明确区分事物为特征。如对自与他、精神与物质等的区分非常明晰，由此产生了近代的自然科学体系。单从自然科学所谓的"知识"这一点上来说，在欧洲近代文明之前，许多文明就拥有相当深邃的知识。但是近代科学通过确立了对现象进行"客观的观察"这一方法论，成功地实现了体系化，并与科技相结合，取得飞跃性的发展。

从西方中心主义的角度来看，人类意识是按照母权意识→父权意识发展而来的。虽然后来也有其他各种角度不同的观点出现，但是不管怎样，全世界都不得不对只有在欧洲近代才成功确立的这样

---

① 埃利希·诺伊曼著，林道义译，《意识的起源史》上、下，纪伊国屋书店，1984—1985年。

的意识予以肯定。可以说，现实中，世界各国都在努力尽快实现"现代化"。

相对于父权意识较强的区分能力，母权意识则长于一体化、包容力。这在父权意识看来是所谓"暧昧"与"不发达"，但是它自有其价值①。

这个问题，此处不予详论。但需要了解的是，无论怎样，人类的意识形式存在前文所述的类别，当我们从神话的层面对此进行研究的时候，那些男性形象与女性形象便象征性地表现了这些类别。上一节中，之所以如此执着于男性在前还是女性在前的问题，就是因为它反映了其所属文化的意识形式。

父权意识与母权意识的分类过于单纯，一不小心就会陷入使用以西方近代的核心思维方式为基础的二分法来分析心灵状态的陷阱。不妨把它们作为思考问题时的一个坐标轴，这样的话，不仅可以从中发现许多差异微妙的状态，同时，因为不需要做盲目评价，反而会成为一个比较有建设性的思考工具。尤其在研究神话的时候，众神均以男性或女性的形象出现，有这个工具就会方便很多。

本节仅从基本层面上讨论了父权意识与母权意识，本书将就这个问题持续讨论到最后，希望可以不断深入。

四　创生国土与女神之死

《古事记》中，第二次结婚仪式结束后，伊邪那美接连诞生了构成日本国土的岛屿。淡路岛之后生了四国、九州，还有大倭丰秋

---

① 可以认为"暧昧"反而是超越近代父权意识的意识现象。河合隼雄、中泽新一编，《"暧昧"的智慧》，岩波书店，2003年。

津岛，即现在的本州。因有八岛，故称大八岛国。其后生诸神，名号如下：海神、河神、风神、树神、山神等。即诸岛之后，继续诞生万物。

《日本书纪》也记述了大八岛国的诞生，只是岛屿诞生的顺序略有差异。然后生大海、河川，这与《古事记》相同。但是，接下来诞生的是天照大御神、月读命、水蛭子、速须佐之男命，显然与《古事记》的记述完全不同。这一点下一章再作讨论，先来看看两书中均有记述的诞生国土之事。

对于古代人来说，生育子女的女性即母亲的力量是伟大的。特别是农耕民族，因为大地产生了人类维持生存所必需的谷物，而大多把地母神作为崇拜的对象。实际上，极端强调了女性的乳房、臀部、性器的地母神像，在世界各地的考古工作中被发掘出来，包括日本的绳纹时代。埃利希·诺伊曼的《伟大的母亲》（夏目社，1982年）一书中，附有很多这样的照片。

不过，很多世界神话中虽然把伟大的女神作为丰收之神来崇拜，但是直接把她描述为诞生国土的女神的却鲜见其例。或许因为笔者不是研究神话的专家，故而孤陋寡闻。但仅就日本神话的比较研究领域来看，在其他问题上与异文化中的神话做比较的研究成果比比皆是，唯独没有看到过比较国土诞生的论文。如果深入研究这一点，或许能够进一步揭示伊邪那美的特点。总之，伊邪那美诞生了日本，即大八岛国的一切，她是伟大的母神。

诞生万物的女神，却在最后遭遇意想不到的灾难。在生火神迦具土神的时候，"阴炙卧病"。这期间，从女神的呕吐物、大小便等排泄物中产生了很多的神。最终伊邪那美死去。《日本书纪》第五段的"一书曰"（5）中记载，伊邪那美死后"葬于纪伊国熊野之有马村焉。土俗、祭此神之魂者、花时亦以花祭、又用鼓吹幡旗歌舞而祭矣"。

虽说伊邪那美因为生火神,自身被炙而亡,可是她毕竟诞生了这个国家的一切,的确称得上是伟大的女神。那么,后来她是不是因此就受到日本人的顶礼膜拜了呢?事实并非如此。不知道前面提到的熊野有马村的神社是什么样子,然而根据譬如《神道辞典》(堀书店,1968年)的调查,那个地方值得一提的神社中,并没有用来单独祭祀伊邪那美的。只有滋贺县的多贺大社是祭祀伊邪那岐和伊邪那美的。当然,作为伊势神宫的别宫,与月读宫、伊佐奈岐宫并列,也建有伊佐奈弥宫①。这似乎有些不可思议。产生这一现象的原因,大概一方面是因为伊邪那美死后进入黄泉,成为死神,故而不能成为一般祭拜的对象;另一方面,则源于所谓"母亲"本就是这样的命运,工作多任务重,却极少被感谢和崇拜。

伊邪那美因生火神去世时,丈夫伊邪那岐非常悲伤,趴在伊邪那美尸体的枕边和脚边哭泣不已。并迁怒于火神,拔出长剑,砍下了这个新生儿的头颅。这一段中对神的悲伤与愤怒的描写值得关注。在喜怒哀乐各种情绪中,伊邪那岐首先体会到的是愤怒和悲伤。而正因为他反应激烈,才推动故事不断发展。在这段激烈的情感表现之后,伊邪那岐决定前往黄泉之国,带回妻子。

沼泽喜市卓有见地地指出,这段故事也可以看作"天地分离神话"。他认为伊邪那岐具有天父神的特点,伊邪那美则具有地母神的特点。他说②:伊邪那岐在"世界之初,把笼罩在国土上的朝雾吹散时的气息就是风,丧妻时悲痛的泪水就是雨,盛怒之下用来斩杀导致妻子死亡的火神的剑就是雷。他从黄泉之国回来,在河中被除

---

① 此处伊佐奈岐与伊佐奈弥即伊邪那岐与伊邪那美,在日语中读音相同。——译注
② 沼泽喜市,《作为南方系文化的神话》,《国文学解释与鉴赏》第三十卷第十一号,1965年。

净身，清洗双目时，日神与月神生；清洗鼻子时，暴风之神生。与伊邪那美分别后，他回到天上居住。这些特点说明，他要么本身就是天神，要么就是与天有某种关联的神"。与此相对，伊邪那美"因生火神被灼伤，卧病在床时，从其排泄物中产生了主宰富饶的土地和陶器的土神、主宰灌溉和肥料的水神，还有主宰食物和谷类的女神"。她后来又成为统治黄泉之国的神。"许多神话中，天地分离之后，才有太阳出现在大地上。但另一些神话中，却是由太阳或者火来使天地分离。"

如此想来，由于火的诞生而导致的伊邪那美的死，的确蕴含着天地分离的意义。若此观点成立，那么耐人寻味的是，在《圣经》中，天地分离是神的第二项工作（第一项工作是产生光，可与此处的火相对应），而在日本神话中，天地分离却是在故事发展了相当一段时间后才出现的。这说明，在日本，"分离"并非第一要义。

著名的新西兰毛利族天地分离的神话中也表现了强烈的悲伤与愤怒。人类的意识在觉醒与发展过程中，"分离"的体验是必需的，其中伴随着悲伤或愤怒。明白了这一点，对于人生各个阶段必须面对的"分离"，既没有必要因为无法承受其强烈的悲伤或愤怒而选择逃避，也会减少因为只看到"分离"积极的一面，而忽略了其悲伤或愤怒的情绪，从而留下后遗症的概率。

五　火的起源

动物里面会使用火的，只有人类，所以火在人类文明史上的重要性，无论多么推崇都不过分。如果详细探讨火的象征性，或者世界火神故事、火的创生故事等课题的话，这些内容很快就能写成一本书，因此这里暂时无法全面探讨。此处暂且把内容限定在对理解我们的神话有益的部分，略加分析。

火具有光、太阳等象征意义，所以地位极高、含义丰富。有时候，它本身就是创生神或者神谕，同时它也是太阳的光芒、温暖、生命之源；它有时意味着权威与威力，有时意味着净化。印度神话里的火神阿耆尼就是这样一个威力四射的神。阿耆尼一方面威力无边，另一方面无恶不作。火可以烧毁一切，足见其破坏力之强大。迦具土神诞生时烧死了母亲，阿耆尼则一落地就吃掉了父母。

日本神话中的火神，虽然表现得没有这么激烈，却也使"天地分离"。因此具有火即是光的初始意识特征，它带来一个明确的"区分"。为了诞生如此重要的火神，大女神付出了牺牲自身的代价，其中应当蕴含着深刻的意义。

为明确其含义，下面介绍一下与日本神话形成鲜明对照的希腊普罗米修斯神话。希腊神话中说，人类一开始没有"火"——因为众神之王宙斯拒绝给人类火。对人类没有火的痛苦生活，普罗米修斯非常同情，于是想方设法去偷天上的火。他带着木本茴香中空的茎秆飞上天，从宙斯宫殿储藏火种的地方盗得火种。关于盗火的方式，也有说他是从火神赫淮斯托斯的锻造车间偷来的。还有一种说法是他把灯芯伸到太阳神燃烧着的车轮里点燃，偷偷带回人间的。总之，他从神那里偷来火种，为人类造福。宙斯对此大为恼怒，把普罗米修斯绑在高加索山的巨大岩石上，让一只大鹫啄食他的肝脏，以此来惩罚他。而且，白天被鹫啄得一塌糊涂的肝脏，每到夜间便会恢复如初，使他不得不每天承受难耐的痛苦。

人类得到火，兴高采烈。宙斯要让他们付出代价，决定降灾难于人间。他命令赫淮斯托斯用黏土做出一个人偶，外形酷似女神，雅典娜、阿芙洛狄忒赋予她各种女性的魅力，赫耳墨斯赋予她不知廉耻的内心、狡诈的个性。宙斯给她起名叫潘多拉，并把她送给了普罗米修斯的弟弟伊皮米修斯。普罗米修斯曾经告诫弟弟，要当心宙斯送的礼物。但是，当伊皮米修斯一看到潘多拉明朗的微笑，就被她深深吸引住了。潘多拉带来一个盒子，里面装满众神送的礼物。盒子本是密封的，禁止打开来看，潘多拉却把它打开了。结果一些奇怪的烟雾从盒子中冒出，四散开来。原来，它们是各种灾难、祸害。在此之前，人类从未遇到这些灾祸，但是自那以后，人类开始饱受瘟疫与灾祸之苦。

只有"希望"，因为生性磨磨蹭蹭、优柔寡断，还停留在盒子里。潘多拉匆忙盖上盒盖，结果只把"希望"关在了里面。所以直到今天，即便人类遭遇再多苦难，"希望"总在人类身边。

看完这则神话，第一个感触就是神对人类的严苛。其中竟然有"火怎么能给人类？"的疑问。可是，毕竟普罗米修斯想出了盗火的主意，并获得成功，他没有屈服。神对他盗火行为的处罚令人发指，宙斯不仅惩罚了普罗米修斯，还决定把女人潘多拉送给人类。一般认为在此之前，人类世界没有女性。但是宙斯创造潘多拉的过程，令人想起前面介绍过的爪哇神话。正如考察爪哇神话时所说，这则希腊神话也同样描述了"男人眼中"的女性。

从《圣经》"偷吃禁果"的故事以及普罗米修斯与潘多拉的故事中可以清楚地看到，人类"意识"的觉醒具有何等重要的意义。作为神，是不愿意看到人类拥有"意识"的。拥有意识者必叛逆，或者说，意识觉醒是通过叛逆达到的。神所认为的"天堂"，是无意识的幸福，无须为好恶背负苦恼。但是夏娃偷吃了禁果，也给亚当吃下，然后他们意识到自己是裸体的。潘多拉的故事里，通过普罗米修斯带来火（意识），人类开始意识觉醒，由此懂得什么是"恶"。

因此，在基督教中，人类永远背负着"原罪"。不过，虽然宙斯对普罗米修斯给予严厉处罚，但同时也规定，他可以在三万年后"得解放"，甚至还在潘多拉的盒子里留下了"希望"。这说明，在多神教的背景下，完全、彻底的惩罚是无法做到的。

与此相比较，日本得到"火"的方式迥然不同，乃大女神以牺牲自身为代价，把火带到这个世界。当然，这是神之间的故事，人类尚未登场。不过就日本来说，由于神与人具有很强的连续性，产生于神代的火被人类顺理成章地继承下来。因此，人类没有必要为得到火而去犯"罪"。诚然，围绕着火，产生了很多神话故事，比如下一章中要论述的伊邪那岐在黄泉之国的"一支火"的故事，这个故事中有近似于《圣经》或者希腊神话中所体现的"罪"的地方，此待后述。这里首先要明确一点，那就是在日本，火是由女神牺牲自己带给世界的，与人类的罪过毫无关系。它对探讨日本人的心理特点至关重要。

如果要追溯日本"火的起源"神话的谱系，应该像大林太良一样，对东南亚与大西洋的神话进行考察。在这些地区的神话中，有的说火原本隐藏于老妇的私处中，有的说火是在天地分离时由太阳或者天火或者树木带到人间的，总之有诸多相似之处，其中似乎存在某种联系。但是因为本书主要考察的是日本人的心灵，所以上文中仅对与此论题相关的神话做了比较。

从神那里获得"独立"，需要通过"偷盗"来实现，这样的故事令人深受启发。在其他文化中，也有不少"盗"火的故事，只是所受惩罚均不像希腊神话那么严重。实际上，在临床医学中，梦中的"偷盗"行为或者实际的偷盗行为大多与独立这一问题相关。

下面举一个梦中"偷盗"的例子，我曾经在其他论文中使用过这个案例。一名40岁出头的男性，工作一向兢兢业业，进入公司以来勤奋努力，成为老板的左膀右臂，却不幸得了抑郁症，频繁请假，甚至产生自杀的念头。某日他做了这样一个梦：

> （梦）我去上班，发现之前因为贪污公物被辞退了的员工
> 在那里工作，于是，我严厉地对他说："你已经不是这里的员
> 工了，走！"没想到老板却说："别这样，他是个优秀的员工，
> 让他留下来。"我惊呆了。

关于这个梦，做梦者本人解释说，自己从未有过偷盗或者贪污
行为，所以无法原谅这种坏事。但当治疗师提醒他"老板并不以为
意"的时候，他坦言道：实际上，现在自己正在考虑离开老板去经
营自己的公司。老板虽然很有能力，值得尊敬，但是自己一向只是
执行老板的命令，没有哪件事是完全凭自己的能力和意志完成的。
这个梦表现了他强烈的、想方设法要独立的"自主"意志。

最终，此人实现了"自主"工作的艰难梦想，详情在这里略去
不谈。值得注意的是，这一意志，是以"贪污公物的员工"的形象
出现于梦中的。贾斯顿·巴舍拉提出："建议以'普罗米修斯情结'
这一概念，来统括表达一切我们为希望拥有同父辈一样甚或超越父
辈、同师长一样甚或超越师长的'才智'而努力的倾向。"[1]这里的
"贪污公物的员工"，可以说正是做梦者"普罗米修斯情结"的人格
化体现。

依此看来，享受着由伊邪那美的死带来的"火"的人们是不会
有"普罗米修斯情结"的，的确如此。然而，日本神话更加引人入
胜之处，是它接下来的"火"的故事。它不是以"偷盗"的方式，
而是以"打破禁忌"的形式实现的。笔者会在下一章中论述。

---

① 贾斯顿·巴舍拉著，前田耕作译，《火的精神分析》，せりか书房，1969年。

"守门人啊！你为什么要拿走我的耳饰呢？"

"进去吧！我的夫人。这是大地女神的规定。"

就这样，女神伊修达鲁的项链、胸饰、腰带、手环和脚环、腰巾等一一被拿走，当她面对冥界女王时，已然完全裸体。苏美尔神话中的伊南娜也是如此，在通过七道门时，每过一道门，便被取走身上的一件东西，最后变成赤身裸体。二者只是细节略有不同。

与此相比，伊邪那岐进入黄泉之国实在太简单。但它也有它特定的规则，即吃过冥界餐食的人不能重返原先的世界。伊邪那岐来迟了，伊邪那美已经进食完毕。尽管如此，她依然说愿意与黄泉之神交涉一下。在这里，我们第一次知道黄泉之神的存在，但并不清楚这到底是一个怎样的神。

吃了黄泉之国的食物便不能再回到此世的说法，亦见于希腊神话。大地母神得墨忒耳的女儿珀耳塞福涅被冥神哈得斯挟持——这段故事在后面会有详述，以作为与天照大御神天之石洞故事的对比，此处从略——在宙斯的调解下，珀耳塞福涅被允许返回地上。但是她在临走时，被哈得斯劝食了四粒石榴籽，结果不得不留在阴间。日本神话中的主题竟然也出现在希腊神话中，的确令人惊异。为什么会这样呢？仔细想来，在现代生活中，我们在别人家吃饭，总不好吃完拔腿就走。抑或有的时候，也会因为一起吃过饭而与他人建立了某种联系。可以说，人类出乎意料地拥有一些超越时间与空间的共同点。

关于在他界进食的主题，下面的这个例子或许稍嫌离题——《山城国风土记》逸文之"宇治桥姬"的故事[1]。当然，这个故事其

---

① 秋本吉郎校注，《风土记》（日本古典文学大系2），岩波书店，1958年。

实应该不是《风土记》中的内容，一般认为它大概产生于平安末期。故事饶有趣味，特予以介绍。宇治桥姬因为妊娠反应，想吃裙带菜，其夫去海边采集。他的笛声为龙王所喜，遂被招为东床。桥姬寻夫来到海边，一位老妇告诉她，她的丈夫做了龙王的女婿，但是忌避龙宫的灶火，天天来此吃饭。桥姬藏起来，看到丈夫乘坐龙宫的轿子而来，正在那里吃饭。桥姬与丈夫交谈后，哭着告别回家。但是后来，她的丈夫回到她身边，二人重新成为夫妇。故事中的男子居然如此小心谨慎，令人觉得颇为有趣。

伊邪那美对伊邪那岐提出禁忌：自己和黄泉之神交涉期间，伊邪那岐不可偷看。很多故事中，所谓禁忌，就是用来被打破的，此处亦不例外。伊邪那岐等得不耐烦，打破了这一禁忌。《古事记》的记述如下：

> 伊邪那美命言毕，返回殿内，历时甚久。伊邪那岐命等得心焦，取下插于左鬓的木梳，折其一齿点燃，举着进去。却见女神全身蛆虫聚集，隆隆蠕动。大雷居于头，火雷居于胸，黑雷居于腹，折雷居于阴，若雷居于左手，土雷居于右手，鸣雷居于左足，伏雷居于右足，此共生成八位雷神。
>
> 伊邪那岐命见而畏惧，即逃回时，其妻伊邪那美命言道："你令我颜面尽失。"遂遣黄泉丑女追赶。

伊邪那岐违反禁令，点燃"一支火"。此"火"意义重大，仅次于前述与"天地分离"关系密切的"火"的诞生。它正是与黑暗相对的光明，借由它，以前看不到的东西得以显现，并有可能被"意识"到。伊邪那岐见到的景象无比恐怖，那是爬满蛆虫的女神的尸体。他看到了所谓母亲可怕、黑暗的一面。

严禁偷看的东西大多是丑恶的事物，譬如人们耳熟能详的《青髯》故事中，青髯之妻所见，是很多女尸。只要不知实情，人类在某个时点之前就可以幸福地生活。倘若有人意欲超越前行，他将必须面对"禁观之真实"。或者说，人类面对"禁观之真实"的时候，会有暂时的苦恼，但是最终会克服它，进入一个崭新的阶段。

伊邪那岐看到的，是"大母神"阴暗的一面。母亲，养育了一切，给我们慈爱。只要在其膝下，人就是幸福的。而那些试图离开母亲身边，用自己的双脚站立的人，就会意识到母亲可怕的一面。伊邪那岐看到伊邪那美的样子，"畏惧"而逃。这里所说的"畏惧"，不仅仅是指可怕、害怕，它有更丰富的含义。对于所谓的"母亲"，既有畏惧之意，又有此处不可停留之念，这就是伊邪那岐所体验到的感觉。

伊邪那岐拼命逃跑的情节，是世界神话与民间传说中"魔法逃跑"的典型。总之，伊邪那美盛怒难抑，命令黄泉军队一路追赶，情势十分紧急。这一段故事中，伊邪那美的冲天怒火令人印象深刻。究其根由，她是被儿子迦具土神所杀，理应对迦具土神发怒才是。然而，虽然都是"火"，她却不是对着儿子迦具土神，而是对着丈夫的"一支火"发泄怒气。或许，这怒气里面也掺杂了她对儿子的愤怒。她的丈夫一方面觉得她生气很正常，另一方面，又觉得如此盛怒未免不近情理。于是抛舍一切，只顾逃命而去。

作为一名心理疗法的专家，我不知遇到过多少这样的现代夫妇，他们不断地重复着神代以来的争吵。经过心理疗法专家的启迪，这些夫妻超越他们自己个人层面的争吵，意识到他们所面对的是一个自神代以来一直存在的课题，明白了这是一件很有意义的工作之后，夫妻之间的关系得到改善。

关于伊邪那岐"魔法逃跑"中出现的魔法，为数众多，这里就不一一列举了。总之，伊邪那岐与伊邪那美最后在黄泉比良坂相对峙。在此之前，伊邪那美追赶伊邪那岐时，曾对他说："你令我颜面尽失。"我们先来讨论一下这句话的含义。"你令我颜面尽失"，是不是使她受辱的意思呢？《日本书纪》第五段"一书曰"中的如下记述，为我们提供了更加清楚的解释。

> 故伊奘冉尊耻恨之曰"汝已见我情，我复见汝情"时，伊奘诺尊亦惭焉。

其言意味深长。伊邪那美对伊邪那岐说："你已看到我的感情，我也看到了你的感情。"此时，不仅伊邪那美深感羞愤，伊邪那岐也觉得羞愧。这里并没有出现"罪过"一词，双方意识到的都是"羞耻"。既然已经看到了不应该看到的真实的心灵，那么只能分道扬镳。接着，伊邪那岐说"族离""不负于族"[①]。在这段故事里，可以看到现代夫妻的身影。人们分手时常说"我看透你了"，离婚后常说"谁怕谁！"。

再回到《古事记》，来看下面的叙述。

> 最后，其妻伊邪那美命亲自追来，伊邪那岐命取千引之石堵塞黄泉比良坂。二神隔巨石相对而立，互致诀别之词。其时，伊邪那美命曰："我亲爱的夫，既已缘绝，我必每日绞杀你的国人一千。"伊邪那岐命乃答曰："我亲爱的妻，你若如此，我必每日建产室一千五百所。"由此，一日之中必有一千

---

① "族"的意思是亲属关系，此处"离族"即提出"离婚"；"不负于族"的"负"是认输的意思，所以这句话相当于"谁怕离婚不成？"。——译注

人死，一日之中亦必有一千五百人生。

这里用"千引之石堵塞黄泉比良坂"具有重要的意义。此处之所以要明确生与死的区分，就是为了说明，虽然伊邪那岐去黄泉之国未费吹灰之力，但是自那以后，生者与死者不能再轻易越过这条界限。正如火神迦具土神的出现致使天地分离，伊邪那岐的"一支火"使得生死分离。分离一点一点地完成，这是日本神话的特征之一。

说完离婚的话之后，伊邪那美对伊邪那岐说"每日杀你国人一千"，伊邪那岐回答道："如果你这么做，我就每天建立产房一千五百所。"协约达成得如此简单，想想伊邪那美亲率黄泉军队追赶而来的盛怒，这样的结局简直难以置信。但这正是日本神话的特点：达成和解。伊邪那美此后成为黄泉大神即死亡之神，可是并不像基督教中那样神与恶魔永远对立，而是二者各得其所，问题化解。此亦其殊具特色之处。只是一千人对一千五百人的和解方式似嫌太过简单，令人不禁怀疑：伊邪那美的怒气真的就此得到化解了吗？

二　打破禁忌

打破"禁看"一类的禁忌，在世界各国的神话中——亦即对整个人类来说——都具有重要意义。这个问题容后论述，先来探讨一下伊邪那美对伊邪那岐的"禁看"要求与日本文化有何关联。

关于"禁看"，笔者曾于拙著《民间传说与日本人的心灵》一书的第一章中，就"禁看的房间"进行过详细论述[1]，我认为这一主题对于研究日本人的心灵来说极为重要。所以，在此依然希望探讨一下"禁看"与日本文化的关系，可能与已发表过的内容有所重复，尚请海涵。

说到民间故事中的"禁看的房间"，大家一定会想起《鹤妻》（很多人大概是通过戏剧《夕鹤》知道这个故事的）。鹤为报答对自己有恩的男子，化身为女子，与他结婚，并拔下自己的羽毛来织布。她对男子说：我织布的时候你一定不要看。男子却打破禁令去偷看了。女子因为被他看到自己作为鹤的原形，撇下男子，振翅飞去。与伊邪那美不同，这个故事中并没有直接描述女子的愤怒。但是，既然违反了禁令，女子不可能无动于衷，于是弃男子而去。

与欧洲的民间故事相较而言，日本民间故事的特点是没有明确表现出打破禁忌者必受"处罚"，故事通常就此结束。而欧洲民间故事则是"处罚"之后又产生很多故事，最后主人公终获幸福。欧洲与日本在民间故事上存在明显差异，这是很多学者的共识。前面提到的拙著中，对此也有详细论述。

然而有趣的是，欧洲的"传说"中却存在与日本的民间故事相似的故事。德国诗人海涅在《四元素精灵》中讲道，尼克赛在与人类恋爱时，不仅要求对方对此保密，还要求对方不要询问自己的身世、故乡何处、有何亲人。下面介绍一下这个传说[2]。

711年，冯·克莱沃的独生女比阿特丽克斯，在她父亲死后继位成为城主。一日，莱茵河里一只白鸟拖着一叶小舟顺流而下。舟

---

① 河合隼雄，《民间传说与日本人的心灵》，岩波书店，1982年。后收入《河合隼雄著作集》第八卷，岩波书店，1994年。

② 海因里希·海涅著，小泽俊夫译，《流放诸神精灵故事》，岩波文库，1980年。

中坐着一位男子，容貌俊朗，佩戴着黄金刀、牛角号与戒指。比阿特丽克斯爱上男子，与其成婚。男子告诫她，切莫询问他的部族与身世，否则二人只能分开，并告诉她自己名叫海力阿斯。他们共同生育了几个子女之后，妻子问丈夫来自哪里时，海力阿斯立刻抛舍妻子，乘白鸟之舟而去。妻子懊悔之余，于当年去世。男子为三个孩子留下三件宝物：刀、牛角号与戒指。他的后裔一直生活到今天。在克莱沃城尖塔的顶端，有白鸟停留，于是人们把这座塔称为白鸟塔。

这是"传说"，不是"民间故事"。从这一点来说，有人甚至提出这样的主张："民间故事都是大团圆的结局，而传说则以悲剧告终。"看看日本的故事就可以知道，这一说法不能成立。它大概只是基于欧洲的例子，由欧洲学者得出的结论。尽管如此，欧洲的传说中竟也存在这样的故事，是很值得关注的。

"民间故事"与"传说"被明确地区分开来，当然"神话"也被区分开来。但它们之间虽然在某种程度上存在一定的区别，却终究不过是欧洲近代把它们作为"学问"来"研究"的结果，这一点是不应忘记的。同是欧洲，在基督教文化之前的凯尔特文化中，神话、传说与民间故事之间的界限是非常模糊的，神话与历史的界限也很模糊。这与日本具有很高的相似性。

日本"浦岛太郎"的故事，笔者已于《民间传说与日本人的心灵》一书中有详细论述，它既是记载于《日本书纪》的传说，后来又作为民间故事广为传播。故事中说，浦岛太郎因为打开了严禁打开的盒子而变成一个老翁。凯尔特文化中，也有这种既像传说又像民间故事的类似故事[1]，它的题目是《欧森与不老国》。男子欧森来

---

① 弗兰克·德莱尼著，鹤冈真弓译，《凯尔特的神话·传说》，创元社，2000年。

到"不老国",与金发美人尼阿姆结为夫妇,他与浦岛太郎一样想回到故土。尼阿姆答应了他,但要求他一定再回到不老国,并且为此一定不要下马,脚不能接触到人世间的土地。但是欧森违反了禁令,结果转瞬之间老态毕现。

这个故事的主要内容与浦岛太郎的故事极其相似:男子在"不老国"与美女成婚(浦岛太郎的传说中是与乙姬结婚),岁月流逝,想念故土回到人间,结果因为破坏了女方订立的禁令,瞬间变成老人。

2001年夏,笔者有幸访问冰岛,得以从当地人那里聆听到他们的民间故事,令我深深地感觉到,《欧森与不老国》的故事在现代依然迸发着生机。冰岛是岛国,基督教通过大陆传播到这里时,力量已被削弱,再加上当时的天主教采取比较柔和的策略,在一定程度上吸纳了当地人的生活方式,所以凯尔特文化得以大量保存下来。我在这里听到作为"民间故事"流传至今的、与《浦岛太郎》相似的故事,备感亲切。更重要的是,它说明在基督教文化之前的时期,西方曾经存在与日本相似的思维方式和价值观。

再回到对日本神话的讨论。在日本神话中,重要的主题会屡次重复出现,并逐渐发生变化,"禁看"这一主题也不例外。作为海幸与山幸①的故事为人们所熟知的神话中,就讲述了一个重要的有关"禁看"的插曲。

天孙迩迩艺降临人世之后,与木花之佐久夜比卖育有三子。其中山幸火远理命造访海底,与海神之女丰玉比卖成婚,后来回到陆地。丰玉比卖怀孕,前来寻夫。丰玉比卖说:我腹中乃是天神之

---

① 海幸与山幸原本是日本神话里的两位兄弟,这两个词寓意着"于海或于山各有幸运","海幸"入海可得各类水中生物,"山幸"入山能得鸟兽皮毛。——译注

子，不可产于海中，特意来此。于是为她在海边盖起一座产房，用鸬鹚的羽毛做房顶。屋顶尚未铺好，胎气已动。丰玉比卖急忙进入产室，叮嘱火远理命道：我在生产时须化回原形，你绝不可偷看。这里出现了"禁看"。以下引文来自《古事记》。

（火远理命）闻听此言甚以为奇，窥视其生产状。但见八寻大鳄，匍匐逶迤。不由惊惧，逃遁而去。丰玉比卖命既知，以为羞耻，曰："妾尝欲经海路往来于水陆之间，然今既被窥见原形，深以为耻。"即弃婴儿不顾，堵塞海路，返回水底。乃为新生儿取名，谓之天津日高日子波限建鹈葺不合命。

火远理命无视妻子的禁令，立即偷看，发现妻子变成八丈长的鳄鱼。丰玉比卖被人看到自己的原形，"深以为耻"，堵塞河道返回海底。这个故事中，女方虽然对被偷看到原形感到"羞耻"，却没有表现出伊邪那美那样的"盛怒"，而是默默离开。这一部分毋宁说与民间故事中的女性有些相似。然而故事至此并未结束，后续如下。

然及至后来，（丰玉比卖）既对夫君窥视怀怨恨之意，又难抑思慕之情，遂以抚育幼子为由，将其妹玉依比卖献上，且附诗曰：
红色的玉啊，其穗亦光！白玉般我的夫君啊，高贵倜傥！
夫君乃和诗曰：
野鸭栖息之岛，你我同床共枕。既为结发之妻，终生怎可忘记？
故，此日子穗穗手见命，居高千穗宫五百八十年，御陵在高千穗山西侧。

需要注意的是，丰玉比卖虽然心怀"怨恨"，却并无报复行为，故事以互致诗歌作为了结。这是极具日本特色的。下面将通过与其他文化的比较，更全面地探讨"打破禁忌"的课题。

三　原罪与原悲

作为著名的违反禁令的故事，《圣经》中亚当和夏娃偷吃禁果的情节几乎尽人皆知。这段故事对于基督教徒来说非常重要，对我们这些醉心于吸收源自基督教文化的现代西方文明的日本人来说，同样不可忽视。以下内容出自《圣经·创世记》第三章，引文较长。

在耶和华神所造的事物中，唯有蛇比田野中的一切活物更狡猾。蛇对女人说，神岂是真说，不许你们吃园中所有树上的果子？女人对蛇说，园中树上的果子，我们可以吃，唯有园当中那棵树上的果子，神曾说，你们不可吃，也不可摸，免得你们死。蛇对女人说，你们不一定死，因为神知道，你们吃的日子眼睛就明亮了，你们便如神，能知道善恶。于是女人见那棵树的果子好作食物，也悦人的眼目，且是可喜爱的，能使人有智慧，就摘下果子来吃了。又给她丈夫，她丈夫也吃了。他们二人的眼睛就明亮了，才知道自己是赤身露体，便拿无花果树的叶子，为自己编做裙子。

这是人打破神的禁令时的情景。在此之前，《创世记》第二章中讲，"耶和华神用地上的尘土造人，将生气吹在他鼻孔里"，创造了人（男性），并把他带到伊甸园里，对他说："园中各样树上的果子，你可以随意吃。只是分别善恶树上的果子，你不可吃，因为你吃的日子必定死"，发布了神的禁令。其后，神又"用那人身上所取的肋骨，造成一个女人"。接下来就是如上文引用的第三章的故事。

第三章之后的故事是，神来到伊甸园，发现人意识到自己是裸体的，知道他们偷吃了禁果，责问何以至此。面对神的质询，男人说是女人让他吃的，女人则回答是"蛇欺骗了我"。神得知实情，发出可怕的咒语。他首先对蛇说：

> 你既做了这事，就必受诅咒，比一切的牲畜野兽更甚。
> 你必用肚子行走，终生吃土。
> 我又要叫你和女人彼此为仇。
> 你的后裔和女人的后裔也彼此为仇。
> 女人的后裔要伤你的头，你要伤他的脚跟。

神激烈的言辞清楚地表现了他的特点。接着他诅咒女人生儿育女必多痛楚，却又恋慕丈夫，受丈夫的管辖；诅咒男人"终生劳苦，才能从地里得吃的""汗流满面才得糊口，直到你归了土"。

然后，神说："那人已经与我们相似，能知道善恶。现在恐怕他伸手又摘生命树的果子吃，就永远活着。"于是神把人赶出了伊甸园。

从中可以看到，人类因为犯了罪，被严厉惩罚，永世不得解脱。这就是"原罪"（original sin），对于基督教徒来说意义重大。它告诉人们：每个人都必须清楚地认识到，只要生而为人，就毫无例外都背负着"罪"。

那么，该如何认识神在处罚人时所说的"那人已经与我们相似，能知道善恶"这句话？其中的"我们"指的是什么？因为神是唯一的，所以"我们"不可能指他自己。似乎可以这样理解：神把人类看作"我们"的一员，规定人类是"知道善恶"的。表达虽不十分明确，其实神已经承认，人类与他创造出的其他东西是不同的。而所谓"原罪"则是人类为此应该付出的代价，它与人类"不同于自然，是更近似于神的存在"的规定相辅相成，不完全是负面的。我们对此应有正确的认知。

C. G. 荣格说，"人类本性中含有反自然的倾向"，明确指出人类存在的内部矛盾。人类是自然的一部分，同时又具有强烈的反自然倾向。如何解决这一矛盾是一个重大的课题，而神话则给出一种可能的答案。

亚当与夏娃吃下智慧之果后的第一个行为，是对自己自然的状态感到羞耻，立即用树叶把身体遮挡起来。也就是说，这第一步即带有反自然的倾向。对此，神亦无计可施，只能让他们背负着"原罪"离开伊甸园。

那么，日本的情形是怎样的呢？日本的神话不是只有唯一神，而是众神林立。因此，所谓"禁令"，不是在神与人之间，而是在神与神之间展开的。从神话中可以看出，日本的神，远比犹太–基督教的神更具"人"性。在火远理命与丰玉比卖的神话中，火远理命被称为"山幸"，丰玉比卖来自海底，据此判断，甚至令人以为他们生于高山大海，来自自然。这种神、人、自然三者之间的关系与犹太–基督教截然不同。

回到日本的神话。禁令由女性向男性发出，打破禁令的男性看到的是女性令人毛骨悚然的尸体。火远理命看到的则是女性变回大鳄的原形。两者之间的共同之处，乃是认识到人终究是"自然的一部分"。此处值得关注的，是男性看到眼前景象之后的反应。伊邪那岐"见而畏惧"、火远理命"不由惊惧"，均表现为"惧"，即作为宗教基本体验的"畏惧之心"。这些故事生动地反映出，与犹太－基督教中神、人、自然的明确分离不同，日本的神、人、自然是融为一体的（后文还会更加详细地讨论"见而畏惧"的意义）。

伊邪那岐与伊邪那美的神话中，描述了伊邪那美的"怨恨"。这种情绪毋宁说更接近于"愤怒"，表现在她对逃跑的伊邪那岐锲而不舍地追赶。最后，伊邪那美说一日杀一千人，伊邪那岐说一日生一千五百人，通过这一协定，伊邪那岐的怨恨得到一定程度的化解。

但是无法相信，伊邪那美超乎寻常的怨恨，会由于如此妥协性的结果而消失得无影无踪。实际上，其后的很多故事中，都能看到可以称为"怨恨之谱系"的情节。关于"怨恨"，后面将作细论，这里只探讨火远理命与丰玉比卖故事中的相关问题。

丰玉比卖"对夫君窥视怀怨恨之意"，其中也有"怨恨"一词。但是因为她依然思恋丈夫，于是通过妹妹玉依姬赠诗给他。而在《鹤妻》中，鹤腾空而去，男子举头相望的悲哀身影，给人一种凄凉的美感。二者均未表现出怨恨与报复的思想。

此处呈现出的"美"，其背后流淌着深深的悲伤。在日本，这类情感统称为"哀"，是自古以来日本人重要的审美意识。本居宣长曾提出，《源氏物语》的中心主题就是表现"物哀"。对于日本人来说，不只《源氏物语》，他们从许多故事中都能感受到"物哀"。譬如火远理命和丰玉比卖的故事，他们一方面赠和诗歌互致爱意，另一方面却无法相偎相依。这一对男女主人公，尤其是女主人公，令许多读者受到"哀"的冲击。神话世界中已然存在"哀"

的原型。

笔者将这种本源性的"悲伤"定义为"原悲"。可以认为，正如犹太-基督教文化的根本在于"原罪"，人与自然密不可分的文化的根本乃在于"原悲"。前面已经说过，如何看待人与自然的关系是一个重大的问题。犹太-基督教为了明确人与自然不同的主张，对于"原罪"的认识是其必要条件。与此同理，当主张人的"本性"便是回归自然、天人合一的时候，便需要"原悲"的情感来发挥效用。

"原悲"这一情感，应当普遍存在于所有拥有泛灵论宗教的国家，只是根据其文化不同，表现形式与表达方式有所差异。譬如，它在日本表现为"哀"，而在日本的邻国韩国则表现为近似于怨恨的"恨"。当然，这里的"恨"不是单纯的怨恨之意，而是含有更深刻的意义。笔者作为日本人不敢妄言之。

前面介绍的《圣经》故事，与日本形成对照；而在很大程度上保留了凯尔特文化的冰岛，则存在与日本极为相似的民间故事（如前所述，亦可称之为"传说"）。此外，海涅书中所记载的传说，故事结构亦与日本相同。

这说明，我们今天可以对日本与西方、东方与西方进行比较研究，但关键并不是差异。倘若当代西方人追根溯源，应会发现他们与东方、与日本有着共通的地方。这一点极其重要，正因如此，不同文化的相互深入理解才颇具可能。

四 原罪与日本人

上一节中指出：基督教文化中，"原罪"是其世界观的重要基础；与之相对，在日本文化以及许多以泛灵论为基础的文化中，

"原悲"是其基础要素。

在研究这一问题时，有一个难得的"实验"——这么说不过是辞藻的修饰罢了——有一个十分珍贵的历史事件可资借鉴。基督教自1549年传入日本后，得到迅速传播。1613年，江户幕府全面实施禁教令。1644年，留在日本斗争至最后的传教士殉教，其后，当时日本的基督教再无指导者，唯余信徒（参照表2）。但是众所周知，他们作为"秘密天主教徒"，保持信仰长达二百多年。笔者方才之所以将之称为"实验"，是因为发现其中隐含了一个意味深刻的问题：一种宗教进入其他文化，在没有指导者的情况下继续发展时，会由于所要进入的文化的影响而产生怎样的变化呢？他们的传承通过一定程度的文字材料保存下来，并在禁天主教令撤销后，逐渐进入民众的视野，使进一步的研究成为可能。这些文字资料中，有一篇题为《天地始之事》，1931年因为研究者的介绍而广为人知，它相当于《创世记》第一章至第三章。这篇资料生动地体现了基督教《圣经》原本的内容经过二百多年的洗礼，发生了怎样的"文化改观"。就这一点来说，它至为珍贵。

在关于天主教的研究中，日本人热衷于探求天主教受到怎样的镇压、多少人被杀、强制改换信仰的实际情况，等等。我却认为，秘密天主教徒所信仰的日本化了的基督教，极好地表现了日本人在将基督教内化为自己的东西时所经历的纠结与产生的问题。作家远藤周作曾遗憾地对我说：可是这方面的研究很少见啊！诚然如此，鲜有学者从我提出的上述角度去研究《天地始之事》。笔者已就此发表过些许见解，恕不赘述。以下仅通过《天地始之事》考察"原罪"的问题。

表2　天主教史简略年表

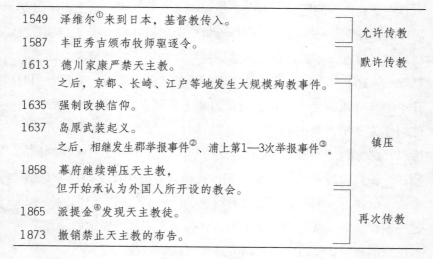

1549	泽维尔①来到日本，基督教传入。	允许传教
1587	丰臣秀吉颁布牧师驱逐令。	
1613	德川家康严禁天主教。	默许传教
	之后，京都、长崎、江户等地发生大规模殉教事件。	
1635	强制改换信仰。	
1637	岛原武装起义。	镇压
	之后，相继发生郡举报事件②、浦上第1—3次举报事件③。	
1858	幕府继续弹压天主教，	
	但开始承认为外国人所开设的教会。	
1865	派提金④发现天主教徒。	再次传教
1873	撤销禁止天主教的布告。	

资料来源：老松克博、太田清史、田中かよ子，《通过〈天地始之事〉来看日本人的心灵》，日本病迹学会（1991年4月）所分发的论文资料。

　　《天地始之事》开篇写道："有代乌思⑤之神，乃天地之主、人类万物之父，"明确指出"代乌思"作为造物主是唯一的神。这与《圣经》的观点是相同的，在这里略过不谈，直接来看与"原罪"

---

① 全名为 Francisco de Xavier 或者 Francisco de Jasso y Azpilicueta。——译注
② 1657年，以大村藩郡地方（现长崎县大村市）为中心，608名秘密活动的天主教徒被举报并遭逮捕。其中411人被判死罪，99人被释放，20人被判无期，78人死于狱中。——译注
③ 发生在幕府直辖的肥前国彼杵郡浦上村（现长崎县长崎市）的三次举报秘密活动的天主教徒事件。这三次举报事件分别发生在1790年、1842年、1856年，是幕府统治时期。历史上还有第四次举报事件，发生在明治政府统治时期的1867年。——译注
④ 全名为 Bernard-Thadée Petitjean，1829年生于法国。在长崎建立了为法国人服务的教堂大浦天主堂，并向当地日本人开放，允许参观。1865年3月有参观者向他承认自己是天主教徒，他将此事汇报给巴黎，成为爆炸性新闻。
⑤ 即 Deus，拉丁语，意为"神"，在基督教中特指耶和华。——译注

相关的内容。其后提到，诱惑名叫"亚当"的男性与名叫"夏娃"的女性的，不是蛇而是"路西法"。"路西法"是拉丁语Lucifer的音译。在《圣经》中，Lucifer本是地位很高的天使，后来背叛代乌思变成恶魔。有意思的是，这里没有出现蛇的身影。接着来看《天地始之事》。

路西法"欺骗了数万安吉"（"安吉"为葡萄牙语，天使之意），他说：我与代乌思同等，你们要敬拜我。天使们都服从了，亚当与夏娃却不肯听从。代乌思对亚当和夏娃说："马桑树之果实，你们绝不可食。"（"马桑"是葡萄牙语，意为苹果）路西法对夏娃解释道："此马桑树之果实，乃使代乌思成为代乌思、路西法成为路西法之物。食之即可与代乌思匹敌，是故禁食也。"并劝她："试食之，即如路西法，"夏娃高兴地吃了。夏娃给亚当也吃了，这时代乌思出现，说："亚当，食此恶果，所为何故？""亚当夏娃，遽失天堂之快乐。"

二人懊悔不已，恳求代乌思道："恳请再次赐予我们天堂之快乐"，"上帝乃言：既如此，当悔四百余年，时日终，方可食于天堂。又命夏娃化为中天之犬，踢到一旁，竟不知所终。"

此处极为重要的是可以返回"天堂"，虽然是在四百年后。"原罪"就此化为乌有。此外，路西法也成为"雷神"，获得十相之位，留在中天。也就是说，他也没有变成彻头彻尾的"恶魔"。这些地方都能看到日本化的倾向。夏娃虽然去向不明，但《天地始之事》中说，夏娃生了几个子女，他们降临人间，是人类的祖先。

"原罪"消失，就等于已经不是基督教了。作为日本人，大概难以承受"原罪"之重负。至于这样的变化发生在秘密传承的哪个阶段，我们无从查证。大概这些变化的发生，经历了一个比较长的过程。当时的日本人，单是理解创造神是唯一的神本身便已经极其困难，即便是勉强接受了这个思想，却无法理解神居然宣告人类负有"原罪"。他们无法想象，神还会有不"宽恕"的一面。

从秘密天主教徒的实际生活来看，最重要的一点是，他们每年都不得不违心地犯一次踩踏圣像的罪过。如果他们认为这样的罪过也不能得到宽恕的话，他们将无法生活下去。有观点认为，正因如此，承认"原罪"便是他们的无法承受之重。在他们的生活中，日历扮演着重要的角色，每天应该做什么事，不能做什么事，都有非常详细的规定。令人感觉他们因为踩踏圣像而犯下的罪过，要通过一整年的行为来补偿，或者说洗清罪恶。

随着春夏秋冬的四季更替，他们努力补偿罪恶。而到了规定的时间，却又不得不去踩踏、冒犯圣像。这样的生活，体现了强烈的轮回意象，在其深层，便隐含着人生的悲哀，也就是可以称之为"原悲"的情感。

此外，在日本的《圣经》故事中，没有蛇的踪影。因此，神放置在人与蛇之间的怨恨便不复存在，这一点也非常重要。神与人之间的"原罪"、人与蛇之间的"怨恨"，这类《圣经》中明确表达出的公式，变得更加模糊。而在《天地始之事》中，诱惑夏娃的"路西法"最终并未变成恶魔，虽然地位略有下降，却仍保留了十相之位，作为雷神居于中天，同样体现了对于明分善恶的避讳。

第四章
三贵子的诞生

一　生于父体

　　日本神话中，天照大御神、月读命、速须佐之男命被称为"三贵子"，在整个神话体系中占有极其重要的地位。下面依据《古事记》来看看他们是如何诞生的（引文请参照本书序章）。

　　伊邪那岐从黄泉之国逃回，以"千引之石"将彼世与此世彻底隔开后，与妻子伊邪那美互致诀别之词。之后，伊邪那岐因为去过不洁之地，决定施行祓除。他将所持"杖""带""囊"尽皆抛弃，又弃舍衣裤、穿着用品，及至赤裸。从其所弃之物各有"神"诞生，神的名号此处从略。

　　与这段故事形成鲜明对比的，是苏美尔神话中的"伊南娜下冥界"。前一章中曾稍有涉及，即苏美尔的女神伊南娜去冥界时共通过七道门，每过一道门便被除去一些配饰或衣物，最后站在冥界女神亚莉修姬达鲁面前时已是裸体。伊南娜女神的经历充满屈辱，作为女神高贵象征的饰物被全部摘走，直到赤身裸体。与此相反，伊邪那岐前往冥界时，没有任何门一类的障碍，转瞬即至。而且回来后，认为冥界乃污秽不洁的羞耻之地，为了净身，主动扔掉去冥界时穿过的衣服、用过的物品，他的裸体是圣洁之态。这里形成对照的，并非只是女神与男神的差异。关于这一点，后面讨论女神天照大御神的重要体验时再详加考察，此处不作结论。

伊邪那岐觉得"上流流急，下流流缓"，乃入中流祓除。其时，从冥界污垢诞生多位神灵，相应的"矫正"神亦同时诞生。通过这段故事可以发现，日本神话中的"神"与基督教的"神"大相径庭。对于古代的日本人来说，各种超自然的现象令他们感到神秘，于是称为"神"。

接着，伊邪那岐清洗左眼时，天照大御神诞生；洗右眼时，月读命诞生；洗鼻子时，速须佐之男命诞生。其时，伊邪那岐大悦，道："吾生子无数，及终，乃得三贵子。"他对天照大御神说："命你管辖高天原"，对月读命说："命你管辖夜之国"，对速须佐之男命说："命你管辖海原。"

此即三贵子诞生的故事。这里首先值得注意的是，这三位最尊贵的神乃诞生于父体。古代的人们也知晓人皆生于母体，却故意说这些神从父体而生，所为何故？

这就不禁令人想起《圣经》中，神创造的第一个人是男人亚当，然后用亚当的肋骨创造了女人夏娃。即是说，最早的人是男人，女人是由男人身体的一部分创造出来的。如前所述，人皆由母体而生是不言自明的事实，而被生育之"神秘"所感动的人们，认为神首先应该是女神，即大母神。实际上，由考古学证实，基督教传入之前的欧洲宗教，是以大地女神为中心的。日本绳纹时代的土偶，也有很多是大地女神。这些宗教体现了母性崇拜的特点。相反，为了凸显父性原理的优越性，男性首先被创生的故事无疑是最恰当的。而犹太–基督教即是少见的父性崇拜的宗教。

在日本神话中，大母神伊邪那美诞生了包括国土在内的几乎全部的东西，故事体现了母性的绝对优越性。然而值得注意的是，"三贵子"却由父体而生。也就是说，对父性的强调，是为了用来平衡过于强烈的母性尊崇。这种巧妙的平衡方式，可以说是日本神话的一个特点，同样的事情后面还会反复屡次出现。前面讨论过，伊邪那岐与伊邪那美结婚的情节，表面上虽然也体现了男性尊崇，但与其他同类故事相比而言，尚不鲜明。

此处三贵子由伊邪那岐诞生，乃父性尊崇的反扑，倘若伊邪那岐就此居于众神之首，则成彻底的父性尊崇之势。但是他却选择天照大御神这一女性作为他的继承人来"管辖高天原"，体现了日本神话所特有的平衡感。那么，此后是不是就变成女性尊崇了呢？随着神话的发展我们看到，事实并非如此。

关于生于父体，再补充一点。序章中曾经提到，希腊神话众神之中，日本人所熟知的女神雅典娜和男神狄俄倪索斯同样诞生于父体，皆由希腊神话的最高神宙斯所生。尽管如此，他们最初仍是孕育于母亲体内，在母亲死后被宙斯所救，宙斯分别将雅典娜置于自己的头中、将狄俄倪索斯置于腿内养大。所以并非纯粹"生于父体"，但是另一方面却也明确体现了与父亲的密切关系。有意思的是，雅典娜与天照大御神、狄俄倪索斯与速须佐之男命具有相似之处。这一点，在后面论及具体每一位神时再来探讨。

二　眼睛与日月

天照大御神与月读命，即日神与月神，分别诞生于父亲的左眼与右眼。虽然与此并不完全相同，但是日月为神之双目的主题广泛存在于世界各国的神话之中。有关这一问题，大林太良进行了详细研究，笔者深表赞同。

中国的"盘古开天辟地"神话中，盘古死后，双目化作日月，这个故事在我国流传甚广。下面是大林先生引自《五连历年纪》的部分。

> 首生盘古，垂死化身。气成风云，声为雷霆。左眼为日，右眼为月，四肢五体为四极五岳。血液为江河，筋脉为地理，肌肉为国土，发髭为星辰，皮毛为草木，齿骨为金石，精髓为珠玉，汗流为雨泽。身之诸虫，因感风处，化为黎甿。

文中说"左眼为日，右眼为月"，即拥有宇宙般巨大身躯的盘古，其双目直接化为日月。大林列举了许多此类巨人双目化作日月的例子，在探讨亚洲内陆及西伯利亚的神话时，他指出："在西藏，有描绘太阳从观世音菩萨右眼、月亮从其左眼诞生的佛教画作。"此处之所以要特别提到这个例子，是因为在这个神话中，太阳生于右眼而月亮生于左眼，这左右的位置显然与盘古的故事及日本的神话恰好相反。而在马来半岛、印度尼西亚、吉尔伯特群岛的神话中，可以见到太阳生于右眼、月亮生于左眼的故事。另外，关于非洲神话，大林先生指出："在非洲，除了古埃及的天神何露斯的双目化为日月的故事，还有气象之神阿门的右眼化为太阳、左眼化为月亮、鼻子呼出的气息化作风的故事，以及身为太阳神的赖，其右眼为太阳、左眼为月亮的故事，并把国王比作右眼与太阳，把王妃比作左眼与月亮。"

还有的神话只是把日月作为巨人的双目，并不明确说明是左还是右。总之，综合以上来看，右眼与太阳、左眼与月亮的对应更具普遍意义，而日本神话与盘古神话中左眼与太阳、右眼与月亮的对应反而是特例。

日月与眼睛的对应，正如大林先生所指出的，广泛见于世界各国的神话。大概是因为在人类的五种感官中，用眼睛看是最重要的。所以，"看"使人联想到意识、光、洞察，等等。我们常说的"苍天有眼"，也关系着对于道德的约束。

之所以要提出左右的问题，是因为作为一个世界性的倾向，通常认为右比左地位更加尊贵，笔者意欲由此探讨日月地位之高下的问题。世界上不论哪个国家，惯用右手的人总是多于惯用左手的人，毫无例外。因此，一般认为右比左地位更高。然而，中国和日本却存在左比右尊贵的看法，比如左丞相比右丞相的地位高。另一方面，"无出其右""左迁"的说法，却又体现了右比左高贵的观点。

笔者之所以如此执着于左右的问题，是因为西方传统的象征性思维中，右-太阳-光明-男性-意识的系列与左-月亮-黑暗-女性-无意识的系列对立存在，且以前者为尊，那么日本的情况究竟如何？笔者对此兴趣浓厚。

日本神话中，可以见到左-太阳-女性的关联，这与西方普遍的象征性模式迥然不同。只是关于左与右孰尊孰卑的问题，这里很难对日本神话做出明确的判断。不过，正如本书序章中强调过的，太阳-女性这一关联作为一个特异的现象，应该引起重视，并加以研究。

三　天照大御神与雅典娜

在考察太阳女神天照大御神的特点时，为数众多的希腊诸神中，与她最具相似性的当数雅典娜。序章中提到过，雅典娜自父体而生。她是雅典城的保护神，拥有"与天空，及澄净天空的璀璨、处女的纯洁一样的美貌"。她诞生之时，身披甲胄，手执矛盾，其英姿令人联想到与速须佐之男命战斗时的天照大御神的装束。雅典娜的诞生与天照大御神如此相似，且看详情如何。

一般认为宙斯的妻子是赫拉，但宙斯的婚姻关系并非如此单纯，他在娶赫拉之前结过婚。他最早的妻子是女神墨提斯，墨提斯意即"智慧、谋略"，众神和人类都认为她是"通晓万物的最聪明的女神，与宙斯最相配"。然而大地与天空却警告宙斯，他们二人所生的孩子，无论男女，其智慧与刚毅均无与伦比。若是男孩，则会推翻父亲，君临众神及人类。因此建议宙斯，要想永远把握住统治大权，必须采取适当的行动。

宙斯听从神的意见，在墨提斯怀孕后，将她吞入腹中。之后，宙斯变得比以前更加聪明，胎儿则在他的头颅中发育长大。及至产期，宙斯头痛难忍，命令赫淮斯托斯用斧头把他的头颅劈开，于是全副武装的雅典娜呐喊着跳了出来。这样的诞生场景极为戏剧化。雅典娜既聪明又刚强，能够处理军事事务，亦擅长机织等女性技艺。天照大御神也与机织有重要关联，此点二者亦同。

天照大御神与雅典娜同为"父亲之女"，但是她们的"父亲"在表现上截然不同，这是必须要注意的。宙斯为了维护自己的永久统治权，夺取了妻子的性命；而伊邪那岐则痛快地把权力交给女儿，自己隐退。行为表现可谓大相径庭。

或者可以这样考虑：宙斯得知自己与墨提斯所生的孩子虽然"智慧与刚毅无与伦比"，但若是男孩则会危及自身统治时，本欲杀死这个孩子，不曾想这孩子却以一种不可思议的方式长大，最后作为"父亲之女"诞生。因为是女孩，所以她不会威胁到宙斯的统治地位。而在日本神话中，这个"智慧与刚毅无与伦比"的女孩作为"父亲之女"，是由伊邪那岐毫不费力地诞生的，并且他还主动把自己的统治地位让给了她。此处的相似点与不同点，很好地体现了各自的特征，耐人寻味。

这里，笔者想对文中屡次提到的"父亲之女"做一点解释。最早关注到"父亲之女"的，是荣格派的女性分析学者。在美国这种父权意识强烈的国家，女性长期以来地位低下。为改变这种状况，女性们举起妇女解放运动的大旗，主张女性与男性拥有同等的能力，并努力证明事实的确如此。其结果便是女性纷纷走出家门，从事许多之前由男性独霸的工作，美国女性由此成功踏入社会。

然而问题并未结束。处于他人艳羡地位的女性们却逐渐感觉到，事情并不像预想的那般令人愉快。她们开始觉得，自身秉持的"女性性"成为所谓成功的牺牲品，她们为此很受伤害。荣格派女性分析学者西尔维娅·B.佩雷拉在其著作《神话中的女性启蒙》①中指出："在与女性性的关系中备受伤害的女性们，包括我自己在内，平时因为带着成功人士的光环，表面上给人非常美好的印象，而这毋宁说正是问题所在。"意思即是说，她认为取得社会性成就本身便是一个问题。原因何在呢？她接着说："也就是说，她们失去了自身固有的核心个性，即对于女性价值与女性立场等的把握。而之所以如此，是源于在西方，大多数情况下，女性的价值仅仅取决于其与男性的关系。"她把处于此情境中的自己称为"父亲之女"。

女性为了迎合父系的价值观而不断磨炼自己，由此走上成功之路。可是真实的自己是怎样的呢？佩雷拉提出的正是这样的疑问。她试图为女性寻求一种不是作为"父亲之女"，而是完全作为"为自己而活的女性个体（one for herself）"的生活方式。为此，她认

---

① 西尔维娅·B.佩雷拉著，山中康裕监修，杉冈津岐子、小坂和子、谷口节子译，《神话中的女性启蒙》（荣格心理学选书20），创元社，1998年。

为苏美尔神话中女神伊南娜的形象可资借鉴。有关这一点，后面再论述。

或许有人对此有同感，认为佩雷拉提出的"父亲之女"也适用于日本的现代女性，因为现代日本人的生活方式已经相当西化了。在日本，的确存在一些这样的现代女性，她们就像佩雷拉所说的"父亲之女"雅典娜一样容貌惊艳，兼具披荆斩棘的刚毅，领导着一群男性下属。

但是，天照大御神虽然与雅典娜同为"父亲之女"，却又有所区别。首先，希腊神话中，男神宙斯是最高的神，雅典娜是宙斯的女儿。而日本神话中，天照大御神本身是最高的神，她是"父亲之女"，没有母亲。从这个意义上说，天照大御神不是大地女神。就在大地女神伊邪那美死后入黄泉，成为地下之神时，天照大御神成为天上的神，她们是各自世界的最高神。如果天照大御神是伊邪那美所生，便可构成完美的母权制社会。然而她是"父亲之女"，结果大不相同。这正是日本神话的特点。此外，她也有别于纯粹父权意识至上的文化中的"父亲之女"。

基督教文化圈，尤其是此种倾向更为强烈的美国，是父权社会（此处若使用过去时"曾经是"，似乎意犹未尽），佩雷拉明确指出了这些国家中所存在的"父亲之女"的问题。虽然日本受到欧美极大的影响，令人颇有同感，但是不能在两者之间简单地画等号。随着神话的展开，我们会看到，很难将日本的神话定性为父权性或者母权性。正如天照大御神这一形象所体现出的特点，两者被巧妙地融合在一起。因此，佩雷拉的理论并不完全适用于日本的女性。要把日本的情况简单地公式化，是非常困难的。探讨日本女性的生活方式之所以困难重重，一部分原因正在于此。当然，探讨女性生活方式的困难，与探讨男性生活方式的困难是直接相关的。

四　月读命的作用

天照大御神、月读命与速须佐之男命合称"三贵子"。关于天照大御神，前面已有讨论。下一章之后的内容，将以他们与速须佐之男命的关系为中心，对天照大御神与月读命进行探讨。首先来看居于三贵子中间的月读命到底是一个怎样的神。月读命的名字既读作"tsukuyomi"，也读作"tsukiyomi"，汉字写作"月弓""月夜见""月读"等。究其来历，大概是因为"月弓"乃源于弯月的联想，"夜见"即如字面之意，而"月读"是由于人们在月亮的盈亏中感受着节气的更替。古代使用阴历，月亮的重要性不言自明。

但是实际上，在日本神话中，关于月读命的故事少之又少。《古事记》除了记载他生于伊邪那岐的右眼，并"命你管辖夜之国"外，再无其他。《日本书纪》中也仅仅记载了一个与他有关的故事。同天照大御神和速须佐之男命相比，不可同日而语。下面先来看一下《日本书纪》中对于月读命诞生的记述，附含"一书曰"的内容。

文中说，月读命与天照大御神、速须佐之男命一起，皆由伊邪那美所生。即伊邪那岐与伊邪那美结婚后，伊邪那美生产了日本的国土，在这之后，诞生以上三神。以下是对原文的引用。

> 既而伊奘诺尊·伊奘冉尊，共议曰："吾已生大八洲国及山川草木。何不生天下之主者欤。"于是，共生日神，号大日灵贵。一书云天照大神，一书云天照大日灵尊。此子，光华明彩，照彻于六合之内。故，二神喜曰："吾息虽多，未有若此灵异之儿。不宜久留此国。自当早送于天而授以天上之事。"是时，天地，相去未远，故以天柱举于天上也。次生月神。一书云："月弓尊、月夜见尊、月读尊。"其光彩亚日，可以配日而治。故，

亦送之于天。次生蛭儿。虽已三岁，脚犹不立，故载之于天磐橡樟船而顺风放弃。次生素盏鸣尊。一书云："神素盏鸣尊、速素盏鸣尊。"此神，有勇悍以安忍，且常以哭泣为行。故，令国内人民多以夭折，复使青山变枯。故，其父母二神，敕素盏鸣尊："汝甚无道。不可以君临宇宙。固当远适之于根国矣。"遂逐之。

《日本书纪》接下来没有记述伊邪那岐探访冥界的故事，而是直接讲速须佐之男命①去根国前，欲往高天原与姐姐天照大御神话别。此段与《古事记》相比，故事相当单纯，大概因为此书的编写目的乃是对外，作为官方记述，所谓冥界探访以及孩子生于父亲的耳鼻之类，过于脱离现实，所以尽量避免。

故事的详情在这里不再赘述。仅从《日本书纪》的正文来看，它与《古事记》一样，除了记述月读命的诞生外，再无其他有关月读命的故事。

不过，在第五段的"一书曰"（11）中，有一个地方提到月读命。故事如下。

伊邪那岐命令天照大御神治理高天原，而月读命"可以配日而知天事也"，又命速须佐之男命治理"沧海之原"。既毕，天照大御神在天上对月读命命令道："苇原中国有保食神，你可以去那里。"月读命遵命而去，看到保食神面向陆地，饭从口出；面向海洋，鱼从口出；面向山峦，肉从口出，他拿这些来招待月读命。月读命见他把口中吐出之物给自己吃，觉得十分肮脏，一怒之下拔刀杀了

----

① 《日本书纪》中的素盏鸣尊即《古事记》中的速须佐之男命，二者汉字不同，读音相同。本书行文中的神名遵循《古事记》的汉字表记。——译注

保食神。月读命将此事汇报给天照大御神，天照大御神非常生气，说："你是一个恶神，我再不与你相见"，"乃与月夜见尊、一日一夜、隔离而住"。保食神死后，从他的身体诞生了牛马以及粟、稗、稻等粮食作物。

这里所记述的月读命故事颇有意思。但是，同样的故事，在《古事记》中却是以速须佐之男命为主人公的。速须佐之男命受到驱逐，即将前往下界之时，向大气都比卖讨要食物，于是发生了与上述保食神相同的事情，速须佐之男命杀了大气都比卖，各种食物及蚕由尸体而生。

正如《古事记》的记述，这个插曲大概原本是关于速须佐之男命的，"一书曰"在将这个故事插入《日本书纪》时，误作月读命的故事。后面还会讲到这个问题。

如上所示，神话中几乎没有月读命的故事。但是在《万叶集》中，虽不见天照大御神的踪影，却可以看到月读命的身姿。

首先看第七卷第1372首和歌：

月读壮士贯长空，夜晚长居。唯怜身影入双目，未可相依。

同卷第1075首和歌：

却为海洋路远故？月读光稀夜深沉。

这两首和歌均称月亮为"月读壮士""月读"，由此可见，月读命在古人心中具有重要的地位。而且，《万叶集》中虽然有很多首吟咏"月亮"的和歌，而吟咏太阳的和歌却难觅踪迹。

下面这两首和歌当作何解呢？第1068首和1080首和歌。

天海起云波，月船隐星林。

恒久天照月，神代耀夜空。可叹时光飞逝。

　　我不知道研究文学的专家与和歌爱好者们如何解释这两首和歌，但令我印象深刻的是，这两首和歌都含有"太阳"的意象。第一首和歌的作者是柿本人麻吕，月亮船行驶在天空之海的画面，与埃及神话中太阳神赖驾船渡过长空的情景如出一辙；而第二首和歌中用来修饰月亮的"天照"，正是天照大御神的名号，令人感觉月亮本身即具有太阳的意象。与此相对，吟诵天照大御神的和歌一首也找不到，这完全不似太阳神赖在埃及所受到的崇拜。

　　以上只是举了《万叶集》中的一点例子。众所周知，在之后的岁月里，日本人依然偏爱吟诵"月亮"，中秋赏月的习惯也一直流传至今。花鸟风月、雪月花等在日本人的审美意识里，具有重要意义。在这些事物中，月亮是不可或缺的。与上文的《万叶集》诗歌不同，很多和歌将月亮与"秋"相关联，用来表达秋天的悲凉与落寞之情，此已无须举例说明。如此深受日本人喜爱的月亮，却在神话中不见踪影，不禁令人觉得奇怪。

　　有一个民间故事，可以帮助我们理解月亮的意象，故事的名字叫"月亮与星星"①。

　　月亮与星星是姐妹，月亮是前妻的女儿。继母虐待月亮，设计要害死她。妹妹星星心地善良，知道母亲的阴谋后，设法帮助月

---

① 关敬吾编，《桃太郎·割掉舌头的麻雀·开花老爷爷　日本民间故事2》，岩波文库，1956年。

亮。后来，继母让石匠打了一个石头柜子，准备把月亮装进去，扔到深山里。星星知道了，拜托石匠在柜子底部钻了一个小洞。月亮要被扔掉的那一天，星星给她带了炒米和水，还给了她一袋油菜籽，让她沿路从柜子的小洞一点一点往外撒。春天来了，星星沿着开满油菜花的小路走进山中，救出了柜子中的姐姐。月亮长期以泪洗面，哭瞎了眼睛。当星星左眼的泪水滴入月亮的右眼、右眼的泪水滴入月亮的左眼，神奇的事情发生了：月亮的双眼瞬间重见光明。两人被一位老爷搭救，住在他的府上。过了一段时间，有一天，两人逛街的时候，看见一个瞎眼老头敲着钲边走边唱：

> 天地不换的月亮星星啊，
> 你们在哪里？
> 月亮星星在身边的话，
> 我怎至于落到这步田地？
> 锵——锵！

他正是两人的父亲！月亮和星星跑上前，三人抱头痛哭。当月亮的眼泪流进父亲的左眼，星星的眼泪流进父亲的右眼，父亲的双目也神奇地重见光明。老爷了解了事情的原委后，允许他们一直住在府中，并把他们奉为上宾。

故事就此结束。继母欺凌继女的故事，以灰姑娘的故事为代表，广泛传播于世界各地。这个故事不像灰姑娘那样，以女主人公结婚而圆满结束，是它具有日本特色的地方。对此暂不予详细考察。笔者想提请大家注意的是：这个故事提示了月亮与眼睛的关系，而且月亮是作为一名女性、一个"父亲之女"登场的。在神话中，月亮是"月读"，是男性。后世的普通日本人却认为月亮更像一个女性。因此上述民间故事中的"月亮"才会被描绘为一个女孩，而且是一个可悲的女主人公。

月亮失去母亲，被继母欺侮，最后与父亲团圆，一起幸福生活。她是个真正的"父亲之女"，但这个"父亲"与美国现代女性所谓之"父亲"大相径庭。他虽然疼爱自己的女儿，却无力保护她们。这与伊邪那岐有相通之处。在这一点上，"月亮"与天照大御神也有些相似。也就是说，在日本，太阳与月亮意外地重叠在一起。

以下对本节的内容做个总结，主题归于"月读命的作用"。

若仅着眼于《古事记》与《日本书纪》，那么月读命近似于"无"。虽然是三贵子之一，居于中间的月读命却无所作为，这一点至关重要。

在此基础上，参照《日本书纪》的"一书曰"或者《万叶集》、民间故事来考察"月亮"的意象时，可以发现，月读命有时被混同为速须佐之男命，有时具有天照大御神的特性。此现象产生的原因大概在于，如果月读命彻底无为，似乎不近情理，所以想要让他以某种看得见的形式出现。于是居于三贵子中间位置的月读命，便借用了居于其两侧的天照大御神和速须佐之男命的形象。或许这么说更加确切：居于中间位置的月读命的确无所作为，但是他兼具天照大御神和速须佐之男命二者的特质。

五　第二个三元结构

三贵子的三元组合在日本神话中占据核心地位，这是大家的共识。后面还会继续探讨天照大御神与速须佐之男命的故事，这里暂且以与第一个三元结构相对照的方式，厘清三贵子之三元结构的特征。

　　　　　　　　　　神话与日本人的心灵

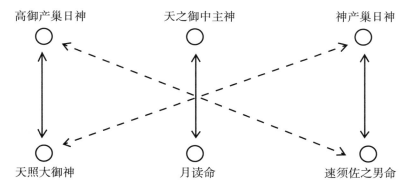

图1 第一个三元结构与第二个三元结构

首先要注意的是天之御中主神与月读命的对应。在第一个三元结构中，无为的中心人物天之御中主神，存在于代表父性原理的高御产巢日神与代表母性原理的神产巢日神之间。与此相对应，在第二个三元结构中，无为的中心人物月读命则居于女神天照大御神与男神速须佐之男命之间。注意到这一对应关系，便可以理解为什么神话中没有关于月读命的故事了。

其次，高御产巢日神、神产巢日神与天照大御神、速须佐之男命的对应关系极其微妙，很好地体现了日本神话的特点。单纯从其构成来找寻对应关系的话，如果代表母性原理的神产巢日神与女神天照大御神相结合，代表父性原理的高御产巢日神与男神速须佐之男命相结合的话，则可形成清楚的男性对女性的对立关系。然而实际上，高御产巢日神时常站在天照大御神的身后，二者总是成对出现；而速须佐之男命及其子孙大国主神则与神产巢日神关系深厚。

后面随着神话的展开，我们还会讨论这些问题。此处因为探讨三元结构的关系，不妨提前总结一二。首先是高御产巢日神，他承担着类似天照大御神的父亲的作用。在《古事记》中，他被称作"高木神"。挺拔的大树的意象非常符合人们对于男性的感觉，本居宣长却认为，所谓"高木神"不过是"高组神"的讹传。总之，不管怎样，高御产巢日神给人强烈的"高大"之感，他住在高天原，辅佐天照大御神。

高御产巢日神在有关天孙降临的神话中屡次出现，本书第一章中已有涉及。这里再强调一下，思金神就是他的儿子。天照大御神躲在石洞中时，思金神如他的名字所示，积极"思考"，表现活跃，他的父亲就是高御产巢日神。高御产巢日神拥有创生"思考"这一机能的能力。

此外，天照大御神决意派自己的儿子去统治地上的世界之后，在决定派遣人选等关键时刻，高御产巢日神总是以辅佐天照大御神的形象出现。尤其是在使者天若日子留在出云国不回来复奏时，他接着派遣名叫鸣女的雉鸡去催问，不料鸣女被天若日子射杀。那箭直射到天安河的河边，落在天照大御神和高御产巢日神的附近。彼时，高御产巢日神说："如若此为天若日子依照命令射杀恶神之箭，则此箭不会射中他；如若他心怀邪念，则当死于此箭。"他把手上的箭扔回去，结果正中天若日子的胸膛，天若日子一命归天。这是何等强烈的意志力与行动力！

高木神也出现在《古事记》中卷。神倭伊波礼毗古命，即神武天皇，在熊野激战的时候，高仓下奉上一把宝刀。他说梦见建御雷神"奉天照大神、高木神二神之命"赐予宝刀，醒来后果然发现——如梦中所示——宝刀穿过自家仓顶落了进来。天皇的军队因此大获全胜。另外，派八尺乌带路一事也是"奉高木大神之命"。这说明高御产巢日神代表着决断、战斗，与天照大御神关联密切。

与此相对，神产巢日神在所发挥的作用及所联系的对象上均与之不同。据《古事记》来看，如前所述，大气都比卖神被速须佐之男命所杀，从其尸体生出蚕、稻、粟等，其时取之作为种子的，便

　　　　　　　神话与日本人的心灵

是神产巢日神。

此外，当然这是后话，当速须佐之男命的子孙大国主神被众兄弟神谋杀后，使他重获新生的也是神产巢日神。众兄弟神嘱咐大国主神捉住野猪，然后把一个形似野猪的大石头烧得滚烫之后滚过来，大国主神依言抱住石头，结果被烫死。神产巢日神派遣蚶贝比卖与蛤贝比卖使大国主神起死回生，变成一个"英俊的男子"。

此外，协助大国主神振兴出云国的少名毗古那神——后面我们会详细讨论此神——就是神产巢日神的儿子。这与活跃于高天原的思金神是高御产巢日神的儿子形成对照。

由此看来，神产巢日神代表着衣食等日常生活、医药与治愈等，明显与出云系即速须佐之男命的系统有着密切的联系。而在现实中，神产巢日神系的神社也大多位于出云。

如上所述，第一个三元结构与第二个三元结构呈现出有趣的对应现象。二者的相同之处是都有一个居于中间的无为者。其次，高御产巢日神与天照大御神总是在高天原协同行动，关系紧密；神产巢日神与速须佐之男命则明显同属出云系，联系密切；从其功能来看，与女神天照大御神结盟的高御产巢日神毋宁说代表了父性原理，而与男神速须佐之男命相联系的神产巢日神则体现了母性原理。这种有趣的交错现象正是日本神话的特点。

换句话说，它既不使用某种理论来统一整体，也不试图统合两种对立的理论，而是设法使不同的东西同时并存或结合，以保持微妙的平衡，从而避免产生原则上的对立。其中最为重要的就是调和感。

通过以上对三元结构的探讨，我们提前得出了结论：日本神话具有调和的特点。实际上，要得到这一结论，尚需探讨天照大御神与速须佐之男命之间相当激烈的对立与纠葛。对此，我们将在下一章中予以探究。

第五章

天照大御神与速须佐之男命

一　速须佐之男命的入侵

三贵子的诞生，形成了以无为的月读命为中心，天照大御神与速须佐之男命对立存在的三元结构。其后，在天照大御神与速须佐之男命之间，发生了日本神话中最具戏剧性的重要故事。下面的引文出自《古事记》，内容紧接三贵子诞生的记述。

是故众神各依命令管辖领土，唯速须佐之男命不去治理应辖之国，痛哭流涕，直至须发长及胸前。其痛哭之状，青山皆枯，河海悉干。是故，各路恶神聒噪之声，如蚊蝇聚集，衍生灾祸无数。故，伊邪那岐大御神乃诏速须佐之男命问曰："汝何故不依命前往治理领国而于此痛哭？"答曰："吾欲往先母所居根之坚州国，故于此哭泣。"伊邪那岐大御神闻言大怒，曰："既如此，汝不可居此处。"速须佐之男命遂遭驱逐。是故，伊邪那岐大御神坐镇近江之多贺。

此处已经可以看到天照大御神与速须佐之男命的对比。天照大御神遵从父亲的命令统领高天原，而速须佐之男命却不肯服从命令，大哭大闹，并说自己想去"母亲的国土"。与天照大御神是"父亲之女"相对，速须佐之男命尽管生于父亲的鼻孔，却明显是"母亲之子"。于是，伊邪那岐一怒之下将他驱逐出高天原。速须佐之男命说：既然如此，那我去与姐姐天照大御神告别吧。故事由此展开，这里继续引用《古事记》的描述。

> 是故，速须佐之男命曰："既如此，请禀于天照大御神后即往。"率即前往天上。其时，山川悉动，国土皆震。天照大御神闻之，惊曰："今我此弟，必来者不善，欲夺我之国土也。"乃即解其发，束为角髻，且于左右角髻、发笄及左右手，遍缠穿着许多勾玉的串饰，背负插入千支箭矢之箭袋，腰系内有五百支箭的箭袋，臂佩与弓摩擦时发出威武响亮声音的护具，用力勾动弓弦，顿足踩地，坚硬的地面下陷直至胯下，尘土似雪片四处飞扬。以此雄武之态，候速须佐之男命至，问曰："何故前来？"速须佐之男命答曰："余无邪心。只因大御神命人责问余哭泣之事，答曰：'吾因欲往先母之国而泣'，不意大御神诏曰：'则汝不可居此处'，放逐于我。是以前来禀明事由，绝无异心。"天照大御神乃曰："既如此，何以知汝心之清明？"速须佐之男命答曰："各自盟誓以生子。"

速须佐之男命的来访只是为了告辞，却被天照大御神误解为要抢夺她的领地，以至于全副武装，严阵以待。而对于速须佐之男命的解释，她也充满怀疑，并不接受。这里值得注意的是，天照大御神对对方的误解非常明显，这说明日本神话无意将天照大御神塑造为绝对正确的神。一般认为天照大御神是日本最高地位的神，但是她却不是绝对正确的神。她被父亲委以重任，统辖高天原。弟弟速须佐之男命又是一副哭哭啼啼要找母亲的样子，或许她因此而高估了自己，才会曲解速须佐之男命的意图，武装待阵。她的勇武之态可与披甲挂胄的雅典娜相媲美，然而这种勇武却是基于一个误解。

在接下来的盟誓一节中，速须佐之男命取得胜利。然而，速须佐之男命也被胜利冲昏了头脑，最终导致失败，这是后话。由此看来，在日本神话中，没有哪位神能够处于绝对的优势地位。刚刚觉得自己占了上风，转眼就跌落谷底。真正的中心，既不是天照大御神，也不是速须佐之男命，而是那个无所作为的月读命。这是结论，本不宜提前透露。下面接着探讨盟誓一节。

二　盟　誓

为了证明速须佐之男命的"清明"之心，二神决定各自生子。这一节故事非常复杂，意义深刻。首先来看《古事记》的记述。

> 故而二神隔天安河盟誓。天照大御神先取速须佐之男命所佩十握之剑，折为三段，于天之真名井中洗净，再三咬碎，于吐出的气息中产生的神，名曰多纪理毗卖命，亦称奥津岛比卖命；次生市寸岛比卖命，亦称狭依毗卖命；次生多岐都比卖命，共三尊。速须佐之男命取天照大御神左髻穿有大量八尺勾玉的美丽串饰，琼音琅琅，于天之真名井中洗净，再三咬碎，于吐出的气息中产生的神，名曰正胜吾胜胜速日天之忍穗耳命。又取右髻勾玉，再三咬碎，于吐出的气息中产生的神，名曰天之菩比命。再取缠于发笄的勾玉，再三咬碎，于吐出的气

息中产生的神，名曰天津日子根命。又取缠于左手之勾玉，再三咬碎，于吐出的气息中产生的神，名曰活津日子根命。又取缠于右手之勾玉，再三咬碎，于吐出的气息中产生的神，名曰熊野久须毗命。共五尊。于是天照大御神乃告速须佐之男命曰："后生五尊男神，皆生于我物，故为我子；先生三尊女神，皆生于汝物，故为汝子。"如此裁定。

在各自生子之后，速须佐之男命说："因为我心清明，所以我生的是女神。"宣告自己获胜。这一节，在二神生子之前并未预先规定生男者赢还是生女者赢，但是既然认为生女神则证明心地坦荡，似乎体现了女性至上的立场。然而另一方面，天照大御神此时所生第一位男神忍穗耳命，后来被她派往出云国，他的子孙乃是天皇家的起源。据此判断，也可以理解为男性至上。即是说，男性与女性到底哪一方处于较高的地位，在这里是非常混乱的。这种混乱的状态，在《日本书纪》中表现得更加突出，容后再论。

在讨论男女性别之前，先来探讨二神生子的方式。诸神生于刀剑或勾玉，从之前神话的叙述方式来看并不奇怪。值得注意的是，很难断言天照大御神和速须佐之男命是彻底独立地各生其子的。换言之，是二者之间的某种"关系"诞生了诸神。天照大御神的孩子们不是自然而然地诞生于她的勾玉，而是速须佐之男命把它在天之真名井中洗净，咬碎后吐出时的气息中产生的。非常明显，速须佐之男命"参与"了这一诞生过程。速须佐之男命的孩子们的诞生也是如此，其中有天照大御神的参与。

此处之所以特意采用这样的描写方式，绝不是为了单纯避免有关性的问题。因为前面在伊邪那岐与伊邪那美结婚的场面中，已经有相当直白的关于性的描述。如果以速须佐之男命为"父"、天照大御神为"母"而生子，则与伊邪那岐和伊邪那美雷同。可以推断，为了避免这种重复，同时又不愿采用像三贵子生于父体一样十分明确的形式，于是最后形成了这种状况。

这仅仅是笔者的推论。在盟誓一节中诞生的男神，不仅成为天皇一族的祖先，还是天皇近臣各氏族的祖先。因此，它是《古事记》《日本书纪》创作当时，关于天皇一族以及中心贵族身份认证的神话。如果像《日本书纪》第六段"一书曰"（1）（2）（3）那样（参见表3），将五位男神彻底归于速须佐之男命的孩子，那么天皇一族及其中心贵族便成为速须佐之男命的子孙。基于对这些问题的考虑，文中最后虽然裁定各为谁子，但在二神的"关系"上，却故意含糊其词。

再来比较一下《古事记》与《日本书纪》的细微之处。表3中已有简单的列举，从中可以发现，二者在细节上存在诸多不同。

前面引用的《古事记》原文中讲道，天照大御神咬碎速须佐之男命的剑，诞生了三位女神，速须佐之男命咬碎天照大御神的勾玉，诞生了五位男神。由于男神生于天照大御神的勾玉，故为天照大御神之子；女神生于速须佐之男命之剑，故为速须佐之男命之子。而且，速须佐之男命认为，女神的诞生证明了自己心地坦荡，进而宣布自己获胜。

有趣的是，《日本书纪》的描述却变化多端。首先引人注目的是，包括正文与附记，均以生男神作为心地坦荡的证据，这与《古事记》截然相反。

而在判定所生的孩子为哪位神的孩子时，产生了一些混乱。《古事记》中，速须佐之男命咬碎天照大御神的勾玉、从其气息而生的孩子，因为生于天照大御神的物品，所以归于天照大御神。而《日本书纪》第六段"一书曰"（2）却认为，天照大御神咬碎速须佐之男命的琼玉诞生的孩子，乃由天照大御神所生，所以是她的孩子。其判断标准完全相反。

表3　盟誓神话的不同描述

	天照大御神之子	速须佐之男命之子	心地坦荡的证据	胜方
《古事记》	五位男神（由速须佐之男命生于天照大御神之勾玉）	三位女神（由天照大御神生于速须佐之男命之剑）	女	速须佐之男命
《日本书纪》正文	五位男神（由速须佐之男命生于天照大御神之珠串）	三位女神（由天照大御神生于速须佐之男命之剑）	男	天照大御神？
一书曰（1）	三位女神（由天照大御神生于自己之剑）	五位男神（由速须佐之男命生于自己之琼玉）	男	速须佐之男命
一书曰（2）	三位女神（由天照大御神生于自己之琼玉）	五位男神（由速须佐之男命生于天照大御神之剑）	男	速须佐之男命
一书曰（3）	三位女神（由天照大御神生于自己之剑）	五位男神（由速须佐之男命生于自己之琼玉）	男	速须佐之男命

故事的变化多端，体现了这段神话所蕴含的意义的不确定性，亦即多种观点同时并存。与此完全相同的情况，也发生在伊邪那岐与伊邪那美的结婚仪式一节之中（参照第二章表1）。这表明，故事在父性原理与母性原理哪个更加重要的问题上认识混乱，对于两者之中哪个应该处于绝对优势的问题摇摆不定、犹豫不决。不过，总

　　　　　　　神话与日本人的心灵

体来看，《古事记》基本上一贯是母性原理占据优势，大概体现了古代日本的实际情形。《日本书纪》的编纂顾及需要面向中国，故而特地把父性推到前面，这便使它的神话很难形成一个有机统一的整体。

《日本书纪》正文中，一开始就规定生男孩者为获胜方，体现了男性推崇的观点。那么既然天照大御神生男神，速须佐之男命生女神，则应为天照大御神胜出。然而《日本书纪》中没有对胜负进行判定，而是直接记述道，"是后，素盏鸣尊之为行也，甚无状"，也并未表明速须佐之男命乃获胜之后得意忘形，以致胡作非为。

在这些相似的故事中，我认为《古事记》的叙述较好地保留了原本的形式。这一方面表现在女性推崇的视点，另一方面表现在对故事的详细描述：首先是天照大御神过于自负，误会了速须佐之男命的意图；然后是速须佐之男命在盟誓中获胜，却又因为获胜而跌入深渊。

三　天之石洞

据《古事记》的记述，速须佐之男命在盟誓中获胜后得意忘形，恶行不断。《古事记》对此描述如下。

> 破坏天照大御神之田埂，填埋其灌溉之沟渠，亦于其进食供奉新谷之大殿内四处便溺。虽如此肆意妄为，天照大御神并无怪罪，且曰："所谓便溺，乃我胞弟，酒醉欲吐，以至于此。又，破坏田埂、填埋沟渠者，乃我胞弟，爱惜土地，以至

于此。"以善言为之匡正①。然其恶行不止，愈演愈烈。天照大御神于神衣织坊，纺织奉献于神之衣物时，他将毛色斑驳之天马，倒剥马皮，穿过织坊屋顶扔入房中。天之织女见而大惊，梭刺阴部而死。

速须佐之男命破坏田埂、在吃饭的地方四处便溺，天照大御神对此的反应令人印象深刻。当初在她误以为速须佐之男命来抢夺国土时，她全副武装，雄武迎战，表现出像男性一样，甚至比男性更加强硬的战斗姿态。而此时，天照大御神既不与速须佐之男命决斗，也不惩罚他，只是试图通过对其恶行的善意理解达到息事宁人的效果。

但是速须佐之男命并未因此收敛，最后竟然把"毛色斑驳之天马，倒剥马皮"，击破屋顶扔入天照大御神的神衣织坊，并且导致织女"梭刺阴部"惨死。此时，就算是天照大御神也已经忍无可忍。可是她没有与速须佐之男命战斗，而是把自己关在了天之石洞中。这一行为同样令人惊异。曾经那般积极面对速须佐之男命的女神，如今居然变得如此被动。她的选择不是对决，而是逃避。

速须佐之男命的恶行，与稻田、纺织相关，表明天照大御神的体系是以农耕、养蚕等为主业的部族。在这段故事中，速须佐之男命是一个十足的恶人。天之石洞的故事之后，他被贬入下界。在那里，他变身为开拓国土的文化英雄。他的故事中所蕴含的"恶"的问题，非常引人深思，后当详论。此处暂且聚焦于天照大御神的行为。

①　古代日本人相信语言具有神奇的力量，即"言灵思想"。这里，天照大御神试图用善意的理解、好的语言来匡正速须佐之男命的恶行。——译注

　　　　　　　　　神话与日本人的心灵

天照大御神闭居石洞时的描述值得注意。天之织女因梭刺阴部而死，"故，天照大御神见而生惧，乃开天之石洞门入内闭居"。这里使用的"见而畏惧"，曾经出现在伊邪那岐不遵守伊邪那美的禁令，点燃"一支火"看到伊邪那美的尸体的场面中，"伊邪那岐命，见而畏惧，即逃回"。这一细节的反复真是太巧妙了——父亲与女儿各自体验到"见而畏惧"。这不是单纯的恐怖的体验，其中还包含着对于超我之存在的情感。父亲看到的是女性阴暗的一面，女儿看到的是男性阴暗的一面。所谓梭刺阴部，明显表现的是性暴力——这一点，将在下一章详细讨论。总之，上述故事描述了男性与女性彼此看到对方阴暗的一面，反复认识到超越自我控制的事物的存在，作为一个人从而逐渐走向成熟的过程。如此，便可理解"见而畏惧"的体验重复出现的意义。伊邪那岐一路逃亡，天照大御神躲进石洞。这两种情况下，如果正面斗争，结局恐怕只有毁灭。

伊邪那岐的逃跑并不是败北，如前所述，他逃回后开辟了崭新的天地。天照大御神的闭居也不意味着失败，她断然决然的被动姿态引起了世界的动荡。

《古事记》中这样描述天照大御神闭居石洞后发生的事情。

于是高天原及苇原中国悉皆晦暗，从此黑夜常在。万神之声，如充满蚊蝇；各种灾祸，悉皆发生。故八百万神，会于天安河原，令高御产巢日神之子思金神思谋计策，聚常世之长鸣鸟使之长鸣；又取天安河上天之坚石，天金山之铁，寻锻冶之匠人天津麻罗，命伊斯许理度卖命制作明镜；命玉祖命制作串有五百个八坂勾玉的珠串；召天儿屋命、布刀玉命，抽出天香山牡鹿之肩骨，取来天香山之天朱樱，准备占卜，掘天香山五百棵贤木①，上枝悬五百八坂勾玉之珠，中枝挂八尺大镜，下枝垂白色布帛与麻青布帛。万物齐备，命布刀玉命持之以为供奉，天儿屋命诵祈祷之词，天手力男神藏于门侧。天宇受卖命以天香山石松藤蔓束缚衣袖，头戴高天原之卫矛藤蔓发环，手持一束天香山细竹叶，于天之石洞门前倒置一大桶，踩踏其上，其声隆隆。状如神凭，胸乳露出，裳纽下垂及于阴部。于是高天原一片哗然，八百万神齐声哄笑。

　　天照大御神闭居石洞的行为导致了严重后果，世界被黑暗笼罩，如"黑夜常在"字面所示，这种情况似乎永远看不到尽头。各种灾祸盛行，于是八百万神齐聚，共商对策。为解决问题，诸神各尽其能。在万事简述的神话中，此处诸神的行为以及名号，被事无巨细地记述下来，是非常特别的。从中我们既可以感受到众神之众志成城，也可以了解以祈愿为目的的祭祀的起源。

　　有一点不能忘记：天照大御神的无为是众神谋略与团结合作的前提。对于速须佐之男命的挑战，她首先采取了武装对抗，结果却以失败告终。后来针对速须佐之男命的恶行，她试图用善意息事宁人，结果也未能如愿。最后，当速须佐之男命采取直接的入侵行为时，她主动退让，隐身于黑暗之中。这是一种彻底无为的姿态。而同样的情况，在其他文化的神话中，通常是这样的模式：面对恶神速须佐之男命的入侵，善神天照大御神率领部族勇敢迎战并大获全胜。此处天照大御神的态度与之迥然不同。但是，她完全彻底的被动性，却激活了其他所有众神的能量。

① 贤木是常绿树的总称。这里特指用于占卜、祭祀等的常绿树，以供神灵凭附。——译注

诸神各自行动，那么谁是领导者呢？答案不明。前面有"令高御产巢日神之子思金神思谋计策"一句，由此可以推断，后续诸神一连串的行动大概是依照思金神的计策进行的。但是我们并不清楚是谁"令"思金神"思谋计策"的，或许就是"八百万神"。仔细想来，众神之主不就是天照大御神吗？天照大御神作为领导者，不是身先士卒，而是认为只有通过自身彻底的被动行为，才能调动众神。如此猜想，亦是有趣。这一点，在下一章中将再次论及，并与其他文化中的神话加以比较。

接下来要探讨的是众神的行为。首先是长鸣鸟，这大概是用来准备宣告长夜结束的鸟。镜子具有重要的意义，后文详述。然后是关于烧鹿骨用来占卜的叙述，它使我们明白了当时占卜的方法，很有意义。但是，文中对占卜的结果却没有任何说明，有些不可思议。对此，既可以理解为占卜这一行为本身意义重大，而结果如何并不重要；也可以理解为所有事情的展开是按照占卜结果进行的。之后，连根刨来天香山的贤木，饰之以勾玉铁镜，由天儿屋命庄严地致以祈祷之词，而天手力男神藏于门侧。当一切准备停当之后，才迎来这一节的高潮部分——天宇受卖命的登场。

如此多彩的准备活动，纵然是八百万神一起商议的结果，在没有固定的领导者指挥的情况下，能够完成得这么顺利，也是令人惊叹的。假设此时是居于天照大御神与速须佐之男命之间的无为的月读命协调了整个活动的有序进行——当然他并没有领导什么——的话，岂不有趣？后面会论述到，在与日本一样存在诸多神的希腊，众神之主宙斯很多情况下发挥着协调者的作用。而在上述这么重要的危机场面中，既没有明确的协调者，也没有明确的领导者，这是日本神话独有的特色。

四　天照大御神的变化

待到众神准备停当，天宇受卖命起舞至"胸乳露出，裳纽下垂及于阴部"，引起众神大笑。这才是将天照大御神引出洞外的关键所在。《古事记》的记述如下。

> 于是天照大御神深以为怪，将天之石洞门开一缝隙，自内告曰："自吾隐居，思当天原自暗，苇原中国亦皆如此。天宇受卖舞蹈、又八百万众神皆笑者，何由？"天宇受卖乃曰："有胜过贵尊之神至，故欢喜笑乐。"如此言时，天儿屋命、布刀玉命取其镜示于天照大御神，天照大御神愈以为奇，稍将头探出门外张望，立隐于侧之天手力男神，即捉其手拉出，布刀玉命即持注连绳①挂其后方，曰："自此以内，不得返回。"天照大御神出石洞时，高天原与苇原中国自皆明亮。

天照大御神本以为自己避隐石洞，世界一片黑暗，众神自当不知所措，不料众神反而欢声雷动。问其缘由，天宇受卖回答"因为有一个比你更加尊贵的神在，所以大家欢笑"。正当天照大御神觉得奇怪的时候，他们拿出准备好的镜子给她看。这大概是说天照大御神看到镜中的自己，以为那就是天宇受卖所说的比自己更加尊贵的神——文中对此没有明确的叙述。天照大御神为了看清楚，稍稍走出洞门，结果被天手力男神一把抓住手拉了出来，布刀玉命随即挂上注连绳使她无法回转。天照大御神出了石洞，整个世界光明重现。

---

① 注连绳由稻草编成。悬挂注连绳以示自此以内为神圣之所，禁止随意出入。——译注

这段故事包含很多重要的信息。首先是天宇受卖命裸露性器官的舞蹈，关于它的意义，将会在下一章与希腊神话作比较时予以详论。这里要提请注意的，是天照大御神与天宇受卖命的对照。这两位名字均含有"天"字的女神，在很多方面形成对比。天照大御神是一位光耀四方的神，属于天界，当初曾一身武装、怒吼呐喊，具有一些男性的特点。下章中也会论及，速须佐之男命的入侵，大概隐喻了他与天照大御神之间的性关系，神话对此巧妙地加以掩饰，力图消隐天照大御神的肉体性。因此，天照大御神被塑造为一个类似雅典娜，或者近似于圣洁处女的形象。而天宇受卖无所顾忌地裸露肉体，与天照大御神正好相反。同时，天宇受卖对天照大御神说"有比你更加尊贵的神"，这句话的意思可以解释为，天照大御神通过获取天宇受卖的肉体性特征，即可成为"更加尊贵的神"。

镜子具有反映"真实"的能力，此即所谓魔镜，比如大家熟知的白雪公主继母的魔镜。此节中天照大御神所照的镜子，通过给具有圣洁处女性的她加上肉体性，而把她变得"更加尊贵"。也可以说，一度行动积极、光辉灿烂的天照大御神，通过被动的体验，洞悉黑暗，涅槃为"更加尊贵"的神。这一点，与《日本书纪》第七段"一书曰"中的记述有异曲同工之妙。其记述为：天照大御神要出石洞时，把镜子放在洞中，却不小心碰到石门，磕破了一点。"其瑕，今犹存"，这一句与前述观点不谋而合。即它是一个反论：唯有不完美，才更显尊贵。如此，天照大御神的形象发生了变化。

关于天之石洞神话的总体意义，下一章予以综合论述。这里介绍一下有关暴露性器官的其他神话。

首先，金田一京助的著作中记载了一个阿伊努人的神话。它的开头令人印象深刻："春天是女性的季节。春天一到，青草萌出土壤，树枝长出细芽。冬天是男人的季节。冬天一到，青草长眠于土壤，树枝叶子落尽，白雪覆盖大地。""春天是女性的季节"一句，在本质上与天之石洞的故事是相通的，下章详论。因为对于农耕民族来说，从冬到春的季节转换，意味着作物的"死与再生"。

阿伊努人的村落里，来了一个饥荒之魔，它劝一个过路的年轻人和它一起使人间陷入饥荒。年轻人名叫奥吉库鲁米，是阿伊努文化中的大英雄。他想方设法阻止魔神的行动，于是他邀请魔神喝酒。魔神不肯喝，说："酒是善神喜欢的东西，恶神怎么能喝呢？"这时，奥吉库鲁米的妹妹"哗啦啦解开上衣的纽扣，敞开前胸，露出丰满的乳房。于是东方骤然明亮，西方骤然昏暗"。恶神见此，改变主意，来到她家，不知情地喝下奥吉库鲁米的毒酒，死了。

松本信广介绍了阿伊努人的传承，他认为奥吉库鲁米妹妹的行为"使饥荒之魔露出微笑。笑可以缓解过度思虑的情绪，恶魔的愤怒与狰狞都在笑容中瓦解"。难以确定阿伊努的魔神到底笑了没有，但是女性显露性器官，确实起到了"缓解过度思虑的情绪"的作用，从文中可以感受到紧张情绪的释放、"打开"。这里的"开"与天之石洞洞门的"开"是相通的。

这则故事中，女性显露性器官起到舒缓紧张情绪的作用。而在另一个故事中，则发挥了威慑性的力量。琉球流传着一个古老的故事：从前，首里的金城里有个食人鬼，人们非常害怕。某人的妹妹向食人鬼露出自己的性器官，鬼问：那个口是干什么用的？女人说：上面的口是吃饼用的，下面的口是吃鬼用的。鬼吓得跌下悬崖摔死了。这个故事中，女性的性器官是令魔鬼都感到恐惧的东西。

下面再看一下吉田敦彦所介绍的凯尔特人的传说。阿里斯塔之王肯赫巴尔的外甥，名叫库夫拉印，是一个半人半神的勇士。他接连打败强敌，凯旋京城。但是，由于战争的激烈，他的身体处于灼热的状态。肯赫巴尔王担心他在这种情况下回来，会陷京城于危险的境地。于是，命令王妃穆加印率领150个女人，全裸出城，向库夫拉印示以裸体和阴部。库夫拉印为了不看这种场面，拼命把脸扭向一边。众人借此机会，不断把他灼热的身体浸入盛满冷水的桶中，成功地把热度降了下来。肯赫巴尔王这才命人把他带到自己面前，对他的战绩大加赞赏。

在这个凯尔特人的传说中，显露性器官起到了平息勇士灼热气势的作用，具有巫术的效果。但是与其说它震慑了勇士，不如说它拥有使心灵变得柔和的力量。凯尔特文化是基督教进入欧洲以前，覆盖整个欧洲大陆的文明，最近对它的研究日渐高涨。饶有趣味的是，无论是它的神话还是民间故事，很多地方都与我国具有共同之处。

以上介绍了几种有关暴露性器官的故事，它有时是威慑性的，有时具有缓和的作用，有时发挥着巫术的功能。同时，在某种意义上，它与"开"同义，甚至可以引申到天明破晓、冬去春来百花盛开。关于这一点，笔者将在下一章通过与希腊神话的对比加以说明。

第六章
大女神受难

上一章介绍了日本神话中极其重要的一个故事，探讨了太阳女神天照大御神通过经历巨大的痛苦获得蜕变的过程。此类大女神受难的故事，不只存在于日本，其他文化中也有。希腊神话中得墨忒耳的故事便与我国上述故事有着惊人的相似之处。1964年，当我在瑞士的荣格研究所写作关于"太阳女神"的论文时，注意到二者之间如此相似，不禁唏嘘。当时的情景，至今记忆犹新。其时，我深深感受到：所谓神话，即便地域相去甚远，彼此之间依然拥有共同之处；借助于此，也使我对日本神话意义的理解得以深化。

当时，我无人指导，全凭一己之力随意阅读、研究神话。所以当我得到这一"发现"时，一方面欢欣鼓舞，另一方面又担心这不过是自己自以为是的想法。等我1965年回国后，知道日本的神话研究者们也在关注这个问题。尤其是吉田敦彦，他对此进行了全面细致的研究，我从其成果中受益良多。同时，我也明白了自己的想法并非自以为是，因此信心大增。

吉田敦彦当时的研究重点是希腊神话传播到日本的经过，而我关心的则是其心理学含义。我的研究聚焦于这一观点：纵然相隔万里，人类的心灵活动依然相通。也就是说，日本文化的确拥有自己的独特个性，但是在更深的层面上，则与人类的普遍共性相联结。

通过与希腊神话的比较研究，我对天照大御神的理解更加深化。20世纪80年代，随着访问美国与欧洲的机会增多，得以接触到欧美的荣格派分析学者，这进一步加深了我对日本神话的理解。其中很重要的一件事，就是苏美尔神话中"伊南娜下冥界"的故事使我更加透彻地了解了天之石洞这段神话。这得益于荣格派的女性分析学者们针对长期以来从"男性视角"进行的神话研究，提出的从"女性视角"加以分析的主张。如前所述，她们在探求"作为独立个体的女性"而非"父亲之女"的生活态度的过程中，遇到了这个神话。

这些女性学者中，有人在古代巴比伦的"圣娼"（sacred prostitute）制度中追寻女性的永恒形象，其成果也对笔者探究天之石洞的神话有所帮助。她们从以上观点出发，重点研究"在精神与物质、灵与肉相剥离的现代，这两个词如何能够结合在一起"的课题[①]。

以之为参考，再来探讨一下日本天之石洞神话的意义。

一　大女神得墨忒耳

天之石洞神话与希腊神话中得墨忒耳与珀耳塞福涅的神话惊人地相似，下面参照吉田敦彦的研究予以介绍。

---

① Nancy Qualls-Corbett 著，菅野信夫、高石恭子译：《圣娼——永远的女性形象》，日本评论社，1998年。引自其中 Marion Woodman 所写的序文。

得墨忒耳在希腊神话中是大地母神，可与日本神话中的伊邪那美相比肩，是主管大地丰收的女神。得墨忒耳的女儿珀耳塞福涅有一天正在春花烂漫的原野上采花。就在她要摘下一朵水仙花的时候，大地裂开，哈得斯驾着黄金马车出现在她面前，强行把她带往冥界——这其实是主神宙斯的安排，他要把她嫁给冥界之王哈得斯做王妃。听到心爱女儿的惊叫，得墨忒耳立即四处寻找她，却无论如何也找不到。得知这原来是宙斯的诡计后，得墨忒耳火冒三丈，不肯回到众神的栖身之地奥林匹斯，浪迹于人类的世界。

女神化作老妪在人间流浪时，曾被厄琉西斯国王刻勒俄斯邀请到家里。她因为思念女儿而郁郁寡欢，默然无语，茶饭不思。于是主人家的女仆伊阿姆柏做出种种滑稽的样子，使她终于禁不住露出笑容，开心起来。接下来是得墨忒耳养育刻勒俄斯的儿子的故事，这与我们的讨论无关，略去不谈。

之后，得墨忒耳现出女神本来的面目，被祭祀于埃莱夫西斯的神殿。但由于她沉溺于失去爱女的悲痛而隐居，大地的作物停止生长，人类困于饥荒。这出乎宙斯的意料，他不得已说服哈得斯，让珀耳塞福涅回到母亲身边。

但是，哈得斯暗施一计。在珀耳塞福涅要离开的时候，他劝她吃石榴，蒙在鼓里的珀耳塞福涅吃了四粒石榴籽后回到母亲身边。然而有这样的规定：吃过阴间的食物之后，便再无可能彻底割断与阴间的关系。这与日本相同，令人兴味盎然。总之，好不容易回到母亲身边的珀耳塞福涅不得不再回到哈得斯的世界。宙斯担心得墨忒耳因此再受打击导致不良后果，提出调解方案：珀耳塞福涅吃了四粒石榴籽，那么一年中的四个月，她在冥界与丈夫一起生活，其余的八个月与母亲一起生活。因此，一年之中有四个月，得墨忒耳使大地不结果实，冬天来临，不过之后春天就到了。年年如此，往复循环。

初看上去似乎它与天之石洞神话并无多少类似之处，但是稍作研究就会发现，两者之间存在明显的相似性。这种相似不是具体单个主题的相似，而是神话整体结构的相似。简单说来就是：由于男神的暴力行为，大女神愤而隐居，导致世界失去活力，陷入困境。于是众神采用各种手段抚慰大女神的心灵，笑容应运而生，新世界的大门由此打开。

在探讨这一结构在日本与希腊神话中分别是如何展开的之前，有一件事情必须要了解，即人类精神史的最初状态是母–女一体的状态。一切事物皆诞生于母亲。此时若不了解或者无视男性在其中所起的作用，便会形成一个母亲生了女儿、女儿长大又成为母亲的循环，所以母亲与女儿是一体的。以此为基础，"生命"得以永远延续。在这里，所谓个体是不被考虑的，母–女一体的世界稳稳地矗立着，一切安泰而祥和。

说一点离题的话，当今的日本，这种母–女一体的精神依然发挥着它强大的功能。在母–女一体结合紧密的家庭中，父亲几乎等同于无。即使表面上可以飞扬跋扈，究其实质却近似于无，这是家庭成员均心知肚明的。有的男性对此备感气愤，变成暴君，然而越是如此，越是被排挤、被轻视。

再回到神话世界。打破母–女一体紧密结合的东西，是男性的激烈行为，通常象征性地以暴行的形式表现出来。哈得斯突然从地下出现在珀耳塞福涅面前并将她掳走，行为本身是针对女儿的，但是根据阿卡迪亚（Arcadia）地方的传说，四处寻觅爱女的得墨忒耳受到了波塞冬的凌辱。女神发觉欲火中烧的波塞冬尾随自己，于是化作一匹母马，想躲过他的跟踪，不料被波塞冬识破。他自己化作一匹公马，对得墨忒耳变成的母马进行了交配行为。也就是说，大女神受到了强暴。

正因为母–女一体是其根本思想，所以才会产生这样母亲受到强暴、女儿被掳走的情节。在日本神话中，母亲与女儿的区分更加模糊。尽管如此，却没有对此类暴行的直接描述，比如没有明确表现速须佐之男命强暴了天照大御神，而只是以一种隐喻的形式，使人感受到这个意思。前面已经引用过《古事记》的原文，这里再复述一点其中的记述："天照大御神于神衣织坊，纺织奉献于神之衣物时，他将毛色斑驳之天马，倒剥马皮，穿过织坊屋顶扔入房中。天之织女见而大惊，梭刺阴部而死。"曾经全副武装对抗速须佐之男命的天照大御神，正在进行被认为是女性重要工作的活动——织布。此时速须佐之男命扔入一匹马。马在前面波塞冬的故事中已经出现过，所以这个符号令人印象深刻。"梭刺阴部"而丧命，表现的是性暴力，当然，性暴力的对象并非天照大御神。但是可以认为，这种间接表现，是源于对天照大御神这样的大女神的敬畏而采用的曲线表达。天照大御神因此死去，又在天之石洞的经历后复活，这才是它的真实含义。

《日本书纪》的如下记述，可以佐证以上观点。"又见天照大神，方织神衣，居斋服殿，则剥天斑驹，穿殿甍而投纳。是时，天照大神，惊动，以梭伤身。"织布、投掷马尸的部分均与《古事记》相同，但是这里明确指出是天照大御神自己受到了伤害，同时却又避开了"梭刺阴部"这么直白的表现。然而在《日本书纪》第七段的"一书曰"（1）中，我们可以看到这样的叙述："稚日女尊，坐于斋服殿而织神之御服也。素盏鸣尊见之，则逆剥斑驹，投入之于殿内。稚日女尊，乃惊而堕机，以所持梭伤体而神退矣。"耐人寻味的是，这里出现了一个名为稚日女尊①的女神，她因为梭子伤到身体而亡。考虑到天照大御神被称为大日灵（おおひるめ），可以推断出她是天照大御神的女儿。如此，受到强暴的就变成大女神的女儿，便与希腊神话更加相似。

为了打破母-女一体的联合，将母亲与女儿分开，异性的狂暴入侵是必要的。在希腊神话中表现为冥界之王哈得斯，在日本则由恶神速须佐之男命来完成。速须佐之男命在之后的故事里，成为根之坚州国的统治者，其地位正相当于哈得斯。另外，两个故事中均出现了马的形象，大概源于对其勇猛突进的气势的联想。在异性入侵的故事中，还叠印出女性的性器官暴露与笑的主题，这也是希腊神话与日本神话的共通之处。下一节中予以详细探讨。

二　复活之春、笑

研究日本与希腊神话的这一主题时，日本的民间故事《鬼笑了》颇具参考意义。这个故事的主题与它们极为相似，尤其在探究"笑"的问题上很有参考价值。下面是这个故事的梗概②。

从前，有个地方住着一位有钱的老爷。这天是他的独生女儿结婚的日子，新娘坐在轿子里去往夫家。途中，一片黑云从天而降，掳走了新娘。新娘的母亲十分担心，简直快要疯了，她四处走访，寻找女儿。有一天，天色已晚，她进入一个小小的佛堂休息。一个

---

① 稚日女尊，日文读作"わかひるめ（wakahirume）"，"わか"意为"年轻的"。——译注

② 关敬吾编，《桃太郎·剪掉舌头的小麻雀·开花老爷爷　日本民间故事2》，岩波文库，1956年。

尼姑走出来告诉她，她的女儿是被带到鬼宅去了，那里有大狗和狛把守，但是可以趁它们打盹儿的时候偷偷进去。第二天，这位母亲一觉醒来，发现四周是一片荒野，佛堂不见了，只有一座石塔。她来到鬼宅，听到熟悉的织布机的声音，咔嗒、咔嗒。她喊道："女儿啊！"果然是女儿在里面，二人高兴地抱在一起。

女儿把母亲藏在石头柜子里。鬼回到家，说："怎么这么大的生人味？"他的院子里有一种奇异的花，家中有几个人就开几朵花。今天花开三朵，就说明一定有一个人被藏起来了。鬼很生气，女儿连忙撒谎说这是因为"我怀孕了"。鬼听了，高兴地叫来所有的家丁，命令道："喝酒！敲鼓！用大棒子把大狗和狛都打死吧。"闹闹嚷嚷，喝得酩酊大醉，睡着了。

母女俩趁机乘坐小船逃跑。鬼醒来后率领家丁一起追，他命令家丁喝光河里的水。小鬼们大口大口地吸水，母女二人的小船不断后退，眼看就要被鬼伸手抓住了。这时，尼姑出现了，说："你们别磨蹭，快点把要紧的地方给鬼看！"尼姑和她们一起撩起裙子，小鬼们嘎嘎大笑，结果把刚才喝掉的水都吐出来了。母女终于逃出虎口。她们向尼姑道谢，尼姑说她本是荒野中的那座石塔，希望她们每年能在自己旁边立一座石塔。母女二人安全回到家中，自那以后，她们每年都会立一座石塔。

以上是《鬼笑了》的梗概。在这个故事中，母–女的联合被鬼这一粗暴的角色所破坏，母亲悲伤地去找寻女儿，在夺回女儿的过程中，发生了性器官暴露和笑的故事。这与我们前面所说的神话有很多相似的地方，将其归纳为表格如下。

表4 日本民间故事·日本神话·希腊神话之比较

	日本民间故事	日本神话	希腊神话
侵犯者	鬼	速须佐之男命 （马）	哈得斯 波塞冬（马）
被侵犯者	女儿	天照大御神 稚日女尊	珀耳塞福涅（女儿） 得墨忒耳（母亲）
去寻找的人	母亲	众神	得墨忒耳（母亲）
引发大笑者 （露出性器官的人）	母亲、女儿、尼姑	天宇受卖	巴乌波（伊阿姆柏）
笑者	鬼的家丁	众神	得墨忒耳

资料来源：河合隼雄，《民间传说与日本人的心灵》，岩波书店，1982年。

从表4可以清楚地看到三者之间的异同，其相似度之高颇为引人注目，说明它们在整体构造上反映了人类的普遍心理。表4中，三者均存在男性侵犯者。在希腊神话和日本民间故事中，受侵犯的一方都是女儿，去寻找女儿的也都是母亲，而在日本神话中，天照大御神表现为母–女同体（在有稚日女尊的记述部分，母–女二者是分离的）。其次，就露出性器官引人发笑的人以及笑的主体来看，则存在较大差异。笑的主体，在日本民间故事中是鬼，在日本神话中是众神，在希腊神话中是得墨忒耳。露出性器官的人，在日本神话中是天宇受卖，她与希腊神话中的巴乌波（伊阿姆柏）有相似之处。而在日本民间故事中，则是母亲与女儿，甚至还有尼姑。

前文讲过，男性的侵犯是破坏母–女一体之联合的手段。但是也可以从另外一个角度来理解这类神话，即它表现的是母亲与女儿被分离后，母亲死亡并作为年轻的女儿复活的过程。实际上，得墨忒耳、珀耳塞福涅的神话，后来在厄琉西斯发展为庆祝复活的秘密仪式，而且这一复活仪式是春季祭典的重要一环，可见其意义重大。冬季时被认为失去生命的谷物，在春季获得重生。

在现代，春天只是被当作一个"明媚"的季节，在古代，它却是令人感到"畏惧、恐怖"的。斯特拉文斯基的音乐《春日祭典》精妙地把握并表现了这一感觉。这是在死亡与断绝的意识中，感受到生命的悸动时的惊恐。古人对"春天"的感受，定当如同在一片漆黑中，石门打开，光线射入其中的感觉。

上一章中介绍的阿伊努族的传说，亦以"春天是女性的季节"开头。此外，在民间故事《月亮与星星》中，月亮也发挥着太阳的作用。而月亮被从石头柜子里解救出来的时候正是春天——油菜花盛开的季节，消失了的月亮重新现身。故事非常明显地表达了死与复活的主题，且与春季密切相关。

春天作为开花的季节，很容易令人联想到"开"和"笑"，这不难理解。在吸引天照大御神走出石洞的过程中发挥了关键作用的天宇受卖，便与"开"有着密切的关系。这首先表现为"打开"自己的衣服露出身体。后来天孙降临的时候，她又"打开"了勇猛的男神猿田毗古的嘴巴。其次，在后面的故事中，当天宇受卖问鱼儿们"你们是否臣服于天神之子"时，鱼儿们都回答"是"，只有海参缄口不言。于是天宇受卖说："这个嘴巴不会说话吗？"用刀把它的嘴划开，这也表现了她具有把闭着的嘴巴打开的功能。

有意思的是，和春天、"开"相关联的"笑"，在希腊神话、日本神话与日本民间故事中表现得各不相同。希腊神话中是大女神得墨忒耳笑了，日本神话中是众神笑了，民间故事中是鬼笑了。笑具有开放性，人的心灵与肉体由笑打开。得墨忒耳郁郁寡欢，因笑改换了情绪；原本怒气冲冲的鬼突然笑成一团。正如阳光照进黑暗，或者春天突然莅临严冬的感觉。而日本神话中众神的笑，是最符合这一意象的。

三　伊南娜下冥界

通过与希腊得墨忒耳和珀耳塞福涅神话的比较研究，天之石洞神话的意义得以彰显。如欲更加深入地探讨其意义，比希腊神话更为古老的苏美尔神话之"伊南娜下冥界"具有重要参考价值。苏美尔文明于公元前5000年至公元前2000年，在底格里斯河与幼发拉底河入海口一带繁荣。根据诸多遗迹与考古发现可以推断，其文明高度发达。最为重要的是，用独特的楔形文字遗留下来的记录被发现，并被成功解读，从而使我们了解它的神话成为可能。

伊南娜是苏美尔伟大的女神，她在阿卡德语中被称作伊什塔尔。伊南娜下冥界的神话，是女神伊南娜受难的故事，因此可以与天照大御神的体验相比较。此外，阿卡德神话中还有"伊什塔尔下冥界"的故事，与伊南娜的故事极为相似。下面首先简要介绍一下"伊南娜下冥界"的故事内容。

大女神伊南娜去冥界的原因不详。她临行前对女仆修布鲁说，如果我三天后还没有回来，你就去求各位神来救我。伊南娜得到冥界女王即她的姐姐亚莉修姬达鲁的许可，来到地下。但是她需要经过七道门，每过一道门就要被除去身上的一件衣饰，这是我们前面已经讲过的。最后她变得一丝不挂，因为这是冥界的规矩，她无可争辩。冥界女王用"死亡之眼"看着她，她的灵魂被夺走，尸体被挂在木桩上。

三天后，女仆修布鲁遵照命令去向众神求援。父神恩利鲁和另外一位父神南纳鲁皆支吾其词，不愿搭救。所幸父神恩基担心伊南娜的安全，用自己指甲中的污垢，创造了两个生物，一个叫卡拉多鲁，一个叫克鲁卡奴拉。接着恩基把生命之食和生命之水赐给他们，命令他们去解救伊南娜。卡拉多鲁和克鲁卡奴拉牢记使命，从亚莉修姬达鲁那里要来伊南娜的尸体，把生命之食与生命之水洒在上面，使她获得新生。

伊南娜回到地面，但是她必须要送一个人去冥界做自己的替身。从冥界随她而来的恶鬼劝她让修布鲁或者她自己的儿子夏拉去，她夸赞他们对自己非常忠诚，拒绝这样做。最后，他们来到伊南娜的丈夫多姆基所在的地方，发现他与修布鲁和夏拉完全不同，丝毫不担心伊南娜的安危，过得逍遥自在。于是，伊南娜用"死亡之眼"盯着他，让恶鬼把他带往冥界做自己的替身。多姆基向伊南娜的哥哥乌多求救，乌多把他变成蛇，他逃到姐姐格修廷安娜处藏身。尽管如此，还是被恶鬼追踪而至，在羊圈中找到，倒霉地被带到冥界去了。姐姐格修廷安娜为了寻找弟弟多姆基，寻访西方。最后，伊南娜同意多姆基和格修廷安娜各在冥界居住半年。

这个神话讲述的也是大女神受难并获得重生的故事，但它没有交代伊南娜下冥界的确切原因，这一点很重要。在得墨忒耳与珀耳塞福涅的故事中，得墨忒耳探访冥界是因为冥王哈得斯掳走了珀耳塞福涅；日本民间故事《鬼笑了》中是因为女儿被鬼抢走；日本神话中则是由于速须佐之男命的暴行。另外，与希腊神话明显是母-女的故事不同，伊南娜故事中，既无母亲亦无女儿出现。但从根本上来说，它们都是"女性的故事"，我们以此作为探讨的基点。希腊神话所讲述的女性故事，是以母-女分离为主题，并因此出现了入侵的粗野男性神以及最后协调全局的男性主神（有观点认为哈得斯是地界的宙斯），其结构清晰，已然是父权意识视角下的女性故事。与此相对，苏美尔的神话，能否看作是远古时代母权意识下的女性故事呢？从这个问题出发，再来探究一下伊南娜下冥界的故事。

得墨忒耳不愧被称为大地母神，她是丰收之神。要说伊南娜是一位怎样的神，却是一言难尽。荣格派女性学者西尔维娅·B.佩雷拉在从女性启蒙过程的角度对伊南娜下冥界的神话所进行的研究中，使用了极其丰富的词语来表现女神伊南娜的多面性[1]。一言以蔽之，"她给我们提供了一个超越单纯母性的、女性性的多角度象征性形象，即整体性模式"。佩雷拉认为，诗中用来形容伊南娜的词有"充满爱的、嫉妒心强的、无限悲痛的、充满喜悦的、胆怯的、有裸露癖倾向的、像小偷一样的、热情的、有野心的、宽容的"等，"也就是说，感情的所有领域，她都拥有"。

佩雷拉这样描述伊南娜：她是"天之女神""大地与丰收的女王""战斗女神""热情的性爱女神"，她拥有"丰收、秩序、战争、爱、天界、治愈、冲动以及歌唱等女神的力量"，同时又是一个"流浪者"。她将这些互相矛盾的要素融合于一体，有一个词可以贴切地表达她的这种状态——"处女娼妓"。父权意识力图通过明确的分离来排解矛盾，并试图"控制"肯定性的东西。与此相反，母权意识包容一切。佩雷拉认为"伊南娜的接受是主动的"，笔者对此表示赞同，即她是一个父权之前的、集女性所有特点于一身的人物。

伟大的女神伊南娜受难，所为何故？受难强调的是经历死亡与复活，从而达到一个新高度的循环。佩雷拉通过对伊南娜受难过程的描述："伊南娜的痛苦、衣服被脱、屈辱、受鞭打、死亡，她的下降地点、在冥界的木桩上'化作沙砾'，以及复活，"认识到这一

---

[1]　西尔维娅·B.佩雷拉著，山中康裕监修，杉冈津岐子、小坂和子、谷口节子译，《神话中的女性启蒙》荣格心理学选书20，创元社，1998年。

系列经历与基督耶稣的受难经过非常相似，只是两者之间的根本性差异在于"伊南娜不是为了替人类赎罪，而是为了大地所追求的生命与再生而做出自我牺牲"。伊南娜扎根于大地，"她所掌管的不是善恶而是生命"。佩雷拉的观点堪称卓见，揭示了伊南娜下冥界的本质。

伊南娜死于亚莉修姬达鲁之手，被地上世界的修布鲁搭救。同样的情况，希腊神话中，表现为一个固定组合——救助受难女儿的母亲与作为协调一切的主神的男性神（强调母-女一体性的时候，受难者会时而是母亲时而是女儿）；在苏美尔神话中却含混不清。修布鲁依照伊南娜的命令行事，然而她第一个求助的"父神"却像宙斯一样推诿拖延，这很好地反映了父权意识确立之前的状态。最终发挥作用的是恩基指甲中的污垢，这非常耐人寻味，它表达了一种反论：从前毫不起眼的、被置之不理的、微不足道的东西反而起到重要作用。伊南娜的故事中蕴含着大量反论。

伊南娜在"指甲污垢"的努力下重返地上世界，这正是死亡与再生的过程，可喜可贺。但是故事并未就此结束，她必须找一个替身留在冥界，于是她选中了自己的丈夫多姆基。这一结果非常令人惊讶，从父权的角度来看根本无法想象。故事中解释为由于多姆基对伊南娜的死活毫不关心，她才一怒之下把他赶往冥界。但是，倘若再深入一点儿思考的话，简而言之可以理解为：伊南娜是要丈夫也去体验一下她曾经经历过的冥界体验。

回归的伊南娜是天上的女神，与她相对的是冥界的亚莉修姬达鲁。男神多姆基存在于天上与冥界的二位女神之间的中间世界，作为伊南娜的替身去往冥界，然而他却再也不能像女神那样被解救回来。此时，他的姐姐格修廷安娜提出愿意代替他住在阴间。伊南娜得知多姆基的情况后非常同情他，同意格修廷安娜和多姆基各在阴间居住半年。

伊南娜下冥界的目的，如上所述，并无明确的个人原因，而是"为了大地所追求的生命与再生"。与此相比，格修廷安娜则有明确的个人目的，即救助弟弟。伊南娜的行为是女神的行为，不带个人意图，而格修廷安娜则比较人类化。故事最终以格修廷安娜与多姆基的无限循环结束，也与以后的神话形成鲜明对比——父权意识的神话总是以某事的圆满完成作为结局。然而，正是由于这样的循环，生命才得以生生不息。

四　伊邪那美・天照大御神・天宇受卖

前面介绍了苏美尔神话"伊南娜下冥界"，并就其意义进行了极其简单的考察。如若详细探讨，尚有诸多问题存在。摘其要点以言之，它是从女性的视点出发来讲述的女性故事。与此相对，希腊得墨忒耳与珀耳塞福涅的神话，可以认为是男性视点下的女性故事。按照这个思路，日本的天之石洞神话则居于中间，是两者融合在一起的神话。如前所述，希腊神话与日本神话虽然具有很高的相似度，但是希腊神话中的主神，宙斯是男性神，而日本神话中，谁是主神并不十分明确。或者，若把天照大御神作为主神，则主神是女性神，而且变成主神自身受难。如此，故事便与希腊完全不同，反而与苏美尔的神话相近。

首先，与伊南娜下冥界形成对应的，是天照大御神闭居石洞。但是在此之前，似应先来探讨一下伊邪那美下冥界的故事。伊邪那美的死，正是大女神受难。不过其中既没有母–女的主题，也没有从彼世的回归。伊邪那美留在冥界，成为那里的女王。可以说天照大御神是以伊邪那美未竟事业的继承者的姿态，去体验石洞的黑暗，以及从中获得的再生。若把这一过程中速须佐之男命的行为比作哈得斯的话，日本神话与希腊神话是非常相似的。这在前面已经讨论过，然而尚有一丝疑问，即天照大御神与稚日女尊是否为母–女关系，以及速须佐之男命是否实施了性侵犯的问题，二者均欠明晰，或者仅为暗示，或者仅仅出现在"一书曰"中。尽管可以将其原因解释为由于天照大御神是天上光芒四射的太阳，或者在日本神话中具有主神般的地位——虽然不是宙斯那般明确的主神——因而不得不把事情模糊化，但这并不能解释一切。其中很多因素令人感到与苏美尔神话相似，下面就来探讨这个问题。

伊南娜下冥界的故事中，不存在男性入侵拆散母–女的主题。这便产生一个问题：苏美尔神话是如何表现母–女分离，抑或女儿变为母亲的性启蒙的？如前所述，拆分母–女的男性侵入——哈得斯掳走珀耳塞福涅——是以父权意识为视点的，那么在苏美尔这样的母权意识的文化中，是通过怎样的神话或者仪式来完成母–女分离的呢？

其答案便是圣娼（sacred prostitute）制度。关于这一点，以研究女性自我实现为专攻的荣格派女性分析学家奎尔斯–科比特在其著作《圣娼》中进行了详细的探讨[1]。为这本书作序的马里昂·伍德曼写道："所谓'圣'，意思是为神圣的精神（spirit）献身；所谓'娼'，意为玷污人的身体。当今社会，精神与物质、灵（spirituality）与性（sexuality）已然割裂开来，'圣'与'娼'这两个词怎能结合在一起呢？"作者们认为，当立足于以"人的身体的智慧遭到了精神（mind）的破坏"来认识现代世界的时候，"圣娼"

---

[1] Nancy Qualls–Corbett 著，菅野信夫、高石恭子译，《圣娼——永远的女性形象》，日本评论社，1998年。

这一富有悖论意义的概念对其具有疗愈能力。欲知其详，请阅原作，笔者此处仅着眼于探讨"圣娼"与神话的关系。

图2　以圣娼为启蒙

"圣娼"中"娼"的命名，大概来自研究苏美尔文明考古发现的后代学者，而在古代，当时的人们认为她们是奉仕于伟大的女神圣殿的巫女。如果受现代的父权意识毒害过深，带着这样的思维定式，将无法理解"圣娼"的本质。圣娼制度虽尚不明确，但在古巴比伦，女性在结婚前奉仕于女神圣殿，与到访的外来男人（异邦人）进行性交，这是为了得到与女神一体的神圣体验。之后女性回到家中，为即将到来的婚礼做准备。由此，她们的女性性，"被奉献给了更高的目的，即将女神的丰饶神力有效地植入人的生命之中这一目的"。

笔者认为，这一制度是作为女性的性启蒙来进行的，其中的关键是，它超越个人，被作为一种神圣的仪式来举行。圣娼有时会戴面纱，与她性交的男性必须是陌生人，之后不会再见面。女性们为了自己的性启蒙，主动献出自己的身体，这与希腊神话中通过男性入侵来分离母–女大相径庭。在母权意识中，这种女性"主动接受"的姿态备受重视。

从这样的视角，再来审视一下天之石洞神话。最初速须佐之男命来到高天原时，天照大御神武力相向，但是之后，却选择了躲入石洞。也就是说，其中可以看到她"主动接受"的态度。不过，天照大御神只是经历了黑暗的体验，不存在圣娼那样有关性的描述。天神的特性是伊南娜的诸多属性之一，天照大御神当然也具有这一特性，不过她丝毫没有伊南娜热情似火的性欲属性。如此想来，天宇受卖岂不是恰恰体现了伊南娜的这个侧面吗？赤身裸体、性器官

神话与日本人的心灵

外露、手舞足蹈的天宇受卖的形象，表现的正是娼的特性。

综上所述，若将伊邪那美、天照大御神、天宇受卖融为一体，便接近于苏美尔女神伊南娜。日本神话为使天照大御神作为天上的太阳女神，拥有类似主神的特点，不得不将伊南娜所具有的处女娼妓的属性分离出来，将其赋予天宇受卖。依此来看，与希腊神话相较而言，天宇受卖不仅可以与巴乌波（伊阿姆柏）相匹敌，而且具有更加重要的作用。

天照大御神走出石洞时，被告知有比自己更高贵的神在，并碰伤了镜子。根据这些片段可以推断，天照大御神是通过吸收自己阴影[①]的部分——即天宇受卖的要素——而获得新生的。

天照大御神走出石洞之后，速须佐之男命被众神惩罚，驱逐至人间。这与伊南娜回来后，其夫多姆基作为替身被送往冥界形成对应。之后的故事则完全不同，在苏美尔神话中，多姆基与格修廷安娜形成循环，而在日本神话中，速须佐之男命作为一个文化英雄重新活跃于地上的世界。许多人认为，日本神话是基于母权意识的，实际上并非完全如此。依据其特点，它既不能归于父权意识，也不能归于母权意识，而总是表现出一种奇妙的平衡，这才是重要之处。

---

① 阴影，荣格原型概念之一。它代表一个人的性别，并影响到他（她）与同性别的人的关系，它比其他任何原型都更多地容纳着人最基本的动物性，它使一个人的人格具有整体性和丰满性。——译注

第七章
速须佐之男命的多面性

　　速须佐之男命是日本神话中特别耐人寻味的神，可以说只要研究与他相关的神，便可以勾勒出日本神话的全貌，他是一个丰富多彩、复杂多变的人物。基于此，笔者曾与吉田敦彦、汤浅泰雄共同完成了一本关于速须佐之男命的研究著作①。彼时的讨论，使我获益良多，也加深了自己对于速须佐之男命的理解。本章的探讨将在此基础上进行。

　　当时的讨论给我留下深刻印象的是，吉田敦彦强调了速须佐之男命对女性较强的依赖性，而汤浅泰雄则强调了速须佐之男命的英雄行为，两人看起来似乎是相对立的，但最终的结论却是这种两面性恰好体现了速须佐之男命的特点。此外，汤浅泰雄指出，速须佐之男命在幼儿期、青年期、壮年期、老年期各有不同的故事，对于一位神，用这种人生周期进行叙述的情况实为罕见。的确，这也是速须佐之男命的特点之一。以下的讨论将包含上述观点。

---

① 　河合隼雄、吉田敦彦、汤浅泰雄，《日本神话的思想——论速须佐之男命》，密涅瓦书房，1983年。

一　速须佐之男命的幼儿性

如前所述，速须佐之男命虽然生于父体，但是对于母亲的依恋十分强烈。《古事记》中的如下记述，前面已经引用过，方便起见，重录于此。

> 唯速须佐之男命不去治理应辖之国，痛哭流涕，直至须发长及胸前。其痛哭之状，青山皆枯，河海悉干。因此，各路恶神聒噪之声，如蚊蝇聚集，衍生灾祸无数。故，伊邪那岐大御神乃诏速须佐之男命问曰："汝何故不依命前往治理领国而于此痛哭？"答曰："吾欲往先母所居根之坚州国，故于此哭泣。"伊邪那岐大御神闻言大怒，曰："既如此，汝不可居此处。"速须佐之男命遂遭驱逐。

他的兄弟姐妹天照大御神与月读命各自依照父亲的命令前往"高天原"和"夜食国"，只有速须佐之男命不肯遵循要他去治理"海原"的命令，大哭大闹。而且，直哭得青山变枯、河水变干，招来许多灾疫。父亲问他为何如此痛哭，答曰只为想去母亲所在的"根之坚州国"。他公然表示母亲比父亲更加重要，于是父亲一怒之下，将他驱逐出去。他由父体而生，却非常依恋母亲。着眼于此，列维–斯特劳斯在他的神话研究中，在探讨南北美洲大陆原住民的神话时，提到了速须佐之男命的神话[1]。

列维–斯特劳斯为什么会谈到速须佐之男命的神话呢？笔者试参考吉田敦彦的观点对此予以探求。列维–斯特劳斯在研究速须佐

---

[1]　转引自山口昌男，《非洲神话世界》第Ⅱ章，岩波书店，1971年。

之男命的神话时，特别重视居住于巴西内陆的波洛洛族的神话，下面简要介绍一下这个神话。

很久很久以前，女人们去森林搜集棕榈，以便制作成人仪式上要送给孩子们的性器护具。不曾想一个男孩尾随母亲而至，并伺机侵犯了她。

这位母亲回家后，丈夫发现她的衣服带子上沾着一片年轻人做装饰用的羽毛，并由此知道是儿子侵犯了自己的妻子。为了复仇，丈夫屡次用几乎令儿子丧命的任务来刁难他。但是在祖母的帮助下，他总能从危险中逃脱。细节略去不谈，最为重要的是，波洛洛族是母系社会，所以其中的祖母乃外祖母。

最后，父亲让儿子去捉在悬崖上做窝的金刚鹦鹉。等儿子爬上长长的竹竿，父亲故意把竿子弄倒。男孩用祖母给的手杖插入岩缝，吊在上面，逃过一劫。他拼尽全力爬到崖顶，捉了许多蜥蜴，吃饱喝足后，把吃剩的肉挂在腰间。肉腐烂后发出的恶臭令男孩陷入昏迷。秃鹫飞来啄食腐肉，啄到男孩的屁股。男孩由于疼痛清醒过来，驱赶秃鹫。

这时，秃鹫帮助了男孩，把他带到悬崖下面。男孩想起祖母以前告诉他的话，把山药捣成细粉，制作了一个人造屁股，补在自己的屁股上。其后的故事还有很长，总之，最后，男孩回到祖母身边，向父亲复仇，杀了父亲，并且对父亲的妻子们——包括自己的母亲在内——也实施了报复。

故事非常长，以上的介绍极尽简约。列维-斯特劳斯认为这个故事与速须佐之男命神话的相似之处，在于儿子与母亲的紧密联系。按照波洛洛族的传统，男孩们通过长期以来形成的成人仪式，拿到被称作笆的性器护具，戴在身上，才能真正成为一个男人。所以，在这个故事中，包括母亲在内，只有女人参加的搜集棕榈的活动，男孩偷偷跟踪是绝对不被允许的。也就是说，这段故事表现了男孩是如何离不开母亲，甚至发生了他对母亲的强奸，清楚地显示出母子一体性。

再看速须佐之男命，他不遵从父亲的命令，哭闹着要去找母亲，对母亲的强烈依恋显而易见。与波洛洛族的神话一样，他也因此招来父亲的愤怒相向。只是，速须佐之男命的故事中没有母子相奸的情节，也没有对父亲的报复。若着眼于这些细节，波洛洛族的故事与速须佐之男命神话的相似度便非常低了。

尽管存在这样一些差异，列维-斯特劳斯之所以在对南北美洲大陆的原住民神话的研究中，特地论及日本的速须佐之男命神话，应该源于与速须佐之男命诞生相关的故事中所包含的速须佐之男命与母亲的密切关系令他印象深刻。不过，如果因此而将速须佐之男命的本质仅仅归于幼儿性抑或与母亲的一体性的话，从后面故事的发展来看，未免有失偏颇。比较稳妥的观点是，速须佐之男命拥有许多不同的侧面，是一个极其复杂的人物。

二　计谋之星

速须佐之男命被父亲驱逐后，去高天原拜访姐姐天照大御神。在那里发生了什么？这样的体验对于天照大御神来说意味着什么？这些问题在前一章中已经讨论论过，本章将从速须佐之男命的立场出发重新予以探讨。

在研究速须佐之男命的性格时，很重要的一点是他"计谋之星"（trick star）的形象。很难在日语中找到一个恰当的词来翻译"计谋之星"，类似于"淘气鬼"，比如日本民间故事中的"彦一"① "吉四六"②就是此类人物。他们通过打破常规的智慧或者行为反抗既有的秩序，失败了则被认为是单纯的淘气鬼，甚或恶人，成功了便是以破坏行为开创新秩序的英雄。因而带有明显的双面性，变幻自如，难以捉摸。

"计谋之星"在非洲和南北美洲的神话中也很常见，世界各国的民间故事、传说中亦屡见不鲜。主体不限于人类，有时会是狐狸、兔子等动物。1962—1965年，我在荣格研究所留学期间，通过保罗·拉丁的讲义第一次接触到"计谋之星"，讲义的内容便是关于荣格与凯伦依合著的《计谋之星》。我当时听得津津有味，并在写关于日本神话的论文时，用"计谋之星"来对速须佐之男命进行诠释。我提交论文后回到日本是在1965年，当时觉得这样的观点即便发表也不会有人理解，于是选择了沉默。

然而时过不久，当我读到1971年出版的山口昌男著《非洲神话世界》时，发现这本书不仅详细论述了非洲神话中的"计谋之星"，而且明确指出："可以说在以计谋与妖怪对抗这一结构中，无论是倭建命还是速须佐之男命，从根本上来说，都属于'淘气鬼'英雄的模式，"③真是既惊又喜。因为我明白了，我在瑞士一个人瞎琢磨的东西，并不是那么离谱。众所周知，后来随着山口昌男的著作不断问世，很多日本人清楚地了解了"计谋之星""丑角"等的意义。

山口昌男在上述著作中，列举了很多与速须佐之男命相似的故

① 狸想利用彦一害怕的东西来捉弄他，被他识破，故意说反话给狸听，反而让狸上了自己的当。——译注
② 吉四六的村子因为有人不小心引发山火，村长开会要求引起火灾者主动坦白，却无人承认。吉四六恰巧看到了是谁引起的山火，知道这人心地善良又胆小，为了使他主动认错，免于更加严重的责罚，在他散会回家的时候，偷偷往他的灯笼里放入一枚银币。那人原本就为自己引起山火深感愧疚，更不想做一个偷拿别人钱的人，于是回到村长家承认了自己的过错。——译注
③ 山口昌男，《非洲神话世界》，岩波书店，1971年。

事，其中有一个非洲穆贝·摩伊萨拉（Mbay Moïssala）族的神话，简略介绍如下。

罗阿和苏乌是兄弟，罗阿总做好事，苏乌却总做坏事。罗阿沉默寡言，苏乌想让他跟自己说话。一天，罗阿造了一只独木舟。苏乌看到了，也想造一只，却做不好，于是偷走了罗阿的独木舟。苏乌还做了不少别的坏事，罗阿厌倦了这个地上的世界，把它留给苏乌，自己升到天空上去了。数年之后，有一天电闪雷鸣，苏乌决心去看看哥哥的世界。

苏乌找到一根从天上垂下来的树根，顺着它爬上天空。苏乌来到罗阿的村子的时候，他正好不在，去田里了。当时，罗阿的儿子奉罗阿之命，在家看守祈雨的石头。苏乌走上前，拿走了祈雨石，招致地面上狂风骤起、雷声大作、暴雨如注。罗阿得知是弟弟来了，赶紧回家。他非常生气，但仍然允许弟弟留在村子里。过了几日，他送给苏乌大鼓和标枪，让他顺着树回到地上。并且告诉他，中途若有秃鹰来啄鼓，你只需用标枪把它吓跑，等到了地面上再敲响大鼓，这样我就知道你已经到达地上了。

苏乌向地面下降的过程中，秃鹰来了，他急忙去投标枪，一个不提防，被秃鹰啄响了大鼓。罗阿以为苏乌已经到达地面，于是将树根砍断，攀在树根上的苏乌坠落下来。人们从四面八方跑来，悲痛不已。苏乌临死前交代："我死后，把我的尸体埋在河的对岸。"当人们抬着他的尸体过河时，苏乌飞过人们的头顶，沉到水里不见了。

以上是一个非洲穆贝·摩伊萨拉族神话的梗概。将这个故事与速须佐之男命的故事比较来看，非洲神话中人物的关系是兄弟，速须佐之男命神话中是姐弟。细节虽不甚相同，基本的模式颇为相似。

罗阿做好事，苏乌干坏事，看上去善恶分明。但苏乌最初做坏事，不过是想让哥哥和他说话，并非无缘无故。此外，当苏乌到天上去看望罗阿时，尽管罗阿很生气，依然允许弟弟逗留了几天，并在他回地面时，细心叮嘱。这与天照大御神对速须佐之男命的关怀十分相似。而苏乌与暴风雨关系密切，这一点亦与速须佐之男命相同。前往天界时伴随的可怕声音，也是共同点之一。

　　对于这些细节，山口昌男也进行了详细研究，并用图表对重要的部分予以总结。通过图表我们可以清楚地看到，两者结构非常相似：都是因为做了"过分"的蠢事，而去拜访住在天上的兄弟姐妹（一个是姐姐，一个是哥哥）。不同的是，速须佐之男命是去告辞的，苏乌则是为了让哥哥跟自己说话而追上去的。接着二人由于"破坏"行为导致"被驱逐或者坠落"的结果，这一节中，速须佐之男命的故事发展得相当复杂，而苏乌的故事非常简单。相似的是，面对速须佐之男命的种种恶行，天照大御神均给予善意的解释；在苏乌的故事中，哥哥罗阿虽然对弟弟做的坏事非常生气，但仍然允许他留下来，并在他返回人间时，亲切地百般叮咛。哥哥或者姐姐的好意，最终无济于事，结果他们从天界被驱逐或者坠落，这一点也是相同的。

速须佐之男命　痛哭过度→暴风雨→升天→破坏→遭驱逐

　　（异常）→（怪诞）→（属于两个世界）→（反秩序）→（归于秩序外的世界）

苏乌　捣蛋过头→升天→破坏→坠落地面

　　（资料来源：山口昌男，《非洲神话世界》，岩波书店，1971 年。）

图3　速须佐之男命与苏乌

其中，由于速须佐之男命的行为导致天照大御神经历了一次意义重大的体验（上一章已有详细论述）一节，便很好地反映了速须佐之男命"计谋之星"的特点。即主管高天原的天照大御神的内在世界，由于他的破坏，而催生了新的秩序。而这一点在苏乌的神话中并不明晰。

如此看来，把速须佐之男命看作"计谋之星"是十分恰当的，而且可以在非洲神话中找到与之极为相似的神话，说明这种故事具有相当的普遍性，意义深远。当然，速须佐之男命的特点远不止于此，尚待继续探讨。他一方面保留着"计谋之星"的特性；另一方面一步步走向"英雄"之路。在达成这个转变之前，尚有一个不可忽略的插曲。

三 杀害大气津比卖神

速须佐之男命被驱逐后，来到出云国，在这里成功制服八头大蛇，造福一方。但是在此之前，他还做了一件大事。《古事记》的记述如下：

> 又乞食物于大气津比卖神。于是大气津比卖神自口、鼻、肛门处，取出种种食物，准备齐全，奉上之时，速须佐之男命立于侧旁观其行为，以为甚污秽，遂杀大气津比卖神。故，自被杀神之尸体所生之物者：头生蚕，双目生稻种，双耳生粟，鼻生小豆，阴部生小麦，肛门生大豆。于是神产巢日御祖命，使取之，以为种子。

速须佐之男命去向大气津比卖神索要食物，她把从鼻子、口中、肛门取出的东西拿给他吃，他认为此举令人恶心，一怒之下杀了大气津比卖神。从她的尸体生出蚕，眼睛生出水稻，耳朵生出粟，鼻子生出小豆，阴部生出小麦，肛门生出大豆。于是，神产巢日神把它们拿来作为种子。这段故事可以看作农作物的起源。此外，神产巢日神的出现也令人印象深刻。相对于高御产巢日神多与天上的世界相关，神产巢日神则多与地上的世界相关。

与此相似的故事，见于《日本书纪》第五段的"一书曰"（11）。其中讲道，父亲伊邪那岐说完天照大御神可以管辖高天原之后，接着说月读命"可以配日而知天事也"，于是天照大御神让月读命去拜访苇原中国的保食神。月读命依言前往，保食神用口中吐出的东西招待他，他深以为不净，怒而杀之。当他将此事报告给天照大御神，天照大御神勃然大怒，说："汝是恶神，不须相见"，其后，她与月读命"一日一夜，隔离而住"。天照大御神遣天熊人前去查看，但见从保食神的尸体生出各种东西："神之顶化为牛马，额上生粟，眉上生蚕，眼中生稗，腹中生稻，阴生小麦及大小豆。"天熊人取之奉上，天照大御神大喜。

《日本书纪》的记述，基本结构与《古事记》是一样的，都是从尸体化生各种农作物。不同的是，《日本书纪》中，杀死保食神的是月读命，所以神产巢日神没有出现。而且，《日本书纪》的这段故事，还说明了日月"隔离而住"的由来。关于速须佐之男命与月读命的这段故事，如前所述，从日本神话的整体来看，速须佐之男命的故事当为本源。所谓日月分开之由来的那段故事，当为后世之人所加。

速须佐之男命杀了大气津比卖神，从其尸体诞生各种农作物，这段神话与居住在印度尼西亚色拉姆岛的百马莱族的神话极为相似，后者被德国神话学家延森命名为"海奴贝莱型神话"①。故事本身很长，在此仅做扼要介绍。

百马莱族"最早的人类"组成了九个家庭，其中有一个单身汉，名叫阿迈他（"黑暗""黑色的""夜晚"的意思）。他追赶一只野猴，野猴跳入水中被淹死，他把死猴子拉上来一看，发现它的牙上粘着一粒椰子树的种子，这是世界上第一颗椰子树种子。阿迈他把它带回家，按照梦中男人的指示，将它埋进土里。

种子发芽了，迅速长大，开花。阿迈他想用花朵酿酒，于是爬到树上去剪花，却不小心剪到自己的手指，鲜血滴在花朵上。三天后，阿迈他的鲜血和花朵的汁液融合，长出一个小女孩，阿迈他给她起名叫海奴贝莱（意思是椰子树枝），带回家抚养，女孩三天后即长成妙龄少女。她不是普通的人类，她的大便通常是陶瓷盘子、铜锣之类，所以阿迈他很快就发财了。

村里举行盛大的马罗节活动，节日要跳马罗舞。晚上，男人们围成九层螺旋形，女人们则在圆圈里面，为跳舞的男人们递上他们舞蹈时要嚼的槟榔和蒿叶，海奴贝莱站在圆圈的正中间。第一夜没有什么特别，第二夜，海奴贝莱给了男人们珊瑚，第三夜给了他们瓷盘。每天晚上给这么贵重的东西，让男人们对她既嫉妒又害怕。终于，在第九个晚上，他们把海奴贝莱活埋了。

阿迈他发现后，把海奴贝莱的尸体挖出来，剁成小块，一块一块分别埋在广场的四周，结果长出了世界上从没见过的各种白薯，于是白薯成了人们的主食。故事还有很长，仅介绍此段内容。

这个故事中，非常关键的部分是女性被杀害以及从其尸体诞生

---

① Adolf Ellegard Jensen 著，大林太良、牛岛岩、樋口大介译，《被害的女神》，弘文堂，1977年。

出农作物的情节，这与速须佐之男命杀害大气津比卖神相同。延森搜集到这一神话，对它十分重视。他明确指出，类似神话常见于热带地区以原始方法种植白薯和果树的各民族，并提出将此类故事统一命名为"海奴贝莱型神话"（Hainuwele-type myth，死体化生型神话）。他认为，此类型的神话，是被称为"古农耕民族"的固有文化，表现了他们的世界观。

根据延森的理论，这个神话，可视之既是农作物的起源神话，也是关于死的起源的神话，其中蕴含的重要主题是"死与再生"。农作物被埋进土里，如同"被杀死"，却能诞生新的生命，这对古代人来说，极为"神秘"。他们由此类推，认为人的"死亡"同样会获得再生，此乃情理之中。而且，这样的想法能够使人类理解"死亡"这一重大课题。说它是形成古代农耕民族世界观的核心的神话，名副其实。

耐人寻味的是，"海奴贝莱型神话"也出现在日本神话中。而且值得注意的是，速须佐之男命是被作为两个主人公之一，即杀人者的形象来呈现的。且不论这个神话究竟是外来的还是日本自产的，一个不容忽视的事实是，它是被作为日本神话体系的一部分来叙述的。天照大御神的天之石洞神话作为阐释农耕民族中"死与再生"的仪式本源的神话，通过前文与希腊神话的对比可以明确地看到，它应该属于比较新的、核心性的神话。而实际上，正如前文探讨过的，它在整个日本神话中占据着极为重要的地位。

一方面，以天之石洞神话为中心；另一方面，把这个更加古老的杀害大气津比卖神的故事作为其"周边"的神话来记述，此处体现的正是日本神话的特征。换句话说，日本神话的形成，就是最大限度地导入各种神话性要素，使它们构成一个整体。在这个过程中，速须佐之男命承担了与之相关的多方面的使命。速须佐之男命的角色不止一个，而且不断发展、变化。同时，他虽然在神话中被赋予各种使命，却并非主神，这是日本神话特有的结构。

四　英雄速须佐之男命

据《古事记》的记述，速须佐之男命被驱逐出高天原后，降临出云国，在这里成就了一番值得大书特书的伟业。在神话中，当善与恶相对抗时，通常是以善打败恶、恶被消灭而告终。而在日本神话中，与天照大御神对立的速须佐之男命作为"恶"人并没有被封杀，而是经历了上述大气津比卖神事件之后，变身为一个重要的"英雄"，极具特色。下面的故事，与《日本书纪》中的情节基本相同，姑且引用《古事记》的记述。

速须佐之男命降临出云国肥河之上叫作鸟发的地方，其时，有筷子自上游漂下，他想那里应该有人居住，于是往河流的上游而去，只见一对老夫妇正与他们的女儿抱头痛哭。他问对方身份，答曰："我乃本地神大山津见神的儿子，名叫足名锥，妻子名叫手名锥，女儿名叫栉名田比卖。"这里第一次出现"本地神"这个词，明确表现出相对于高天原的神，人间也存在各种神。接着，速须佐之男命问他们为何痛哭，老翁回答说自己本有八个女儿，每年被"八头大蛇"吃掉一个，现在又该来吃了，因而哭泣。他所描述的八头大蛇是这样的："眼睛像红色的酸浆，一个身子却有八头八尾。身上长满苔藓桧杉之类，身长横亘八个山谷、八个山峰，观其腹部，常有血，似溃烂。"

于是，速须佐之男命说："把你们的女儿交给我吧。"足名锥回答："不胜惶恐，只是不知您的名姓。"绝不把女儿交给一个来路不明的人，如此看来，这个父亲还是很称职的。速须佐之男命回答说"我是天照大御神的胞弟，刚刚从天上下来"，这当真令人惶恐，足名锥、手名锥将女儿奉上。这里值得注意的是，速须佐之男命特意称自己为"天照大御神的弟弟"。可以说他本是被天照大御神赶出来的，然而他却把自己的身份定位于天照大御神这位姐姐的弟弟，这种定位关系到他后来把从大蛇处得到的剑献给天照大御神一事。

速须佐之男命得到二老的允许后，"即将少女变作木梳，插在头发上"。这段记述值得注意。栉名田比卖在《日本书纪》中被称作奇稻田姬，大概是因为"栉"通"奇"，被认为是拥有魔力的东西。因此，把少女变成梳子插在自己头上，意味着把女性所拥有的魔力当作自己的护身符。或者也可以认为，是速须佐之男命男扮女装，代替少女等待大蛇前来。这就令人联想起后面倭建命在讨伐熊曾建时男扮女装的情节，更加凸显了速须佐之男命作为"计谋之星"的特性。

接着，速须佐之男命让足名锥、手名锥做了八个酒槽，里面灌满酒，等候大蛇前来。大蛇饮酒醉卧，速须佐之男命持十拳剑将大蛇斩为几节，肥河变成鲜血之河。速须佐之男命在斩砍大蛇的尾部时，剑刃受损。他心下疑惑，仔细一看，蛇尾内有一把剑，这就是"草薙剑"，他把它献给了天照大御神。

其后，速须佐之男命在出云国寻找适合建造宫殿的地方。来到须贺时，他说"我心清爽"，于是在此处建造宫殿。其时，有云气升起，乃作和歌：

> 云气生其间，出云八重垣。与妻共居住，在那八重垣。呜呼，八重垣！

这一段非常重要，它说明，速须佐之男命不仅武力高强，而且文化修养颇深，体现出速须佐之男命在日本神话中具有很高的地位。

速须佐之男命神话是英雄打败怪物的故事的典型。希腊神话中，英雄珀耳修斯为了解救本应成为怪物果腹之物的安德罗美达，与怪物战斗，斩杀了它，之后与安德罗美达结婚。西方的传说和民间故事中有很多故事具有类似的模式。速须佐之男命的故事，除了他把得到的剑奉送给天照大御神之外，完全与这种英雄故事的模式相吻合。

作为对此类英雄神话的心理学解释，荣格派分析学家埃利希·诺伊曼认为，它表现了西方近代自我确立的过程[1]。关于这一点，此前已在别处多次论及，因其极为重要，故而不厌其烦，仍予以简单介绍。埃利希·诺伊曼认为，在人类精神史上，西方的近代自我是极其特别的。他把这种完全与无意识分离、不受无意识影响，并试图控制无意识的意识，定义为"父权意识"，而英雄神话则象征性地展现了具有这种父权意识的自我是如何确立的。也就是说，故事中的男性英雄，便是自我的象征。被他打败的怪物，亦可称为"母性"，母性具有不断吞噬自我意识的力量。英雄唯有杀掉"母性"，斩断与她的关系，才能获得独立。之后，再与女性性质的事物相结合（与女性结婚），便不会落入孤立，这样便可以一方面维持着与世界的联系，另一方面获得自立。

弗洛伊德认为，这种打败怪物的故事表现了儿子与母亲的个人关系，认为是众所周知的恋母情结。荣格派则认为，它表现的是人类普遍存在的问题，是"男性性"与"母性"的关系。因此，与其

---

[1] Erich Neumann 著，林道义译，《意识的起源史》上、下，纪伊国屋书店，1984—1985年。

把它看作个人化的儿子与母亲的斗争，不如把它看作与吞没自我的"母性"的斗争，看作自我反抗无意识争取自立的斗争。

另外，在这里，自我是通过男性的形象来体现的。诺伊曼认为，这不过是一种象征，关于近代自我，无论男女，其自我均由男性形象来表现。因此，所谓"父权意识"，只是一种对于意识状态的称谓，并非与作为社会制度的"父系制""父权制"相一致。

然而，人们在使用诺伊曼的理论来观照日本的民间故事时会发现，鲜有与他所说的"英雄故事"相吻合的内容。日本的民间故事中很少有像格林童话那样，以结婚圆满为结局的故事，大多是像前面讲过的《夕鹤》(《鹤妻》)那样，好不容易结婚的夫妻最终各奔东西。可以说正是因为注意到这一点，我才写了《民间传说与日本人的心灵》这本书。通过故事来探求日本人"自我"的形态，是笔者一直以来坚持不懈的工作。从这一点来说，日本神话中速须佐之男命打败大蛇的故事，的确值得重视。

但是，从日本神话的整体来看，这个故事附带各种保留条件。首先，如前所述，日本神话整体结构的最大特征，是以月读命所体现的"无为"为中心。而由于直接与天皇一系有关，所以表面的重点乃是天照大御神的体系。一般认为，速须佐之男命–出云系神话则是对此现象的补偿。这个"英雄神话"不是作为表面的系统，而是作为速须佐之男命系统的故事来记述的，从这一角度来考虑，便很容易理解速须佐之男命把草薙剑献给天照大御神的举动。也就是说，他们两者之间虽然存在许多矛盾，却不是敌对关系，而是保持着一种微妙的平衡。前一章中，我们讨论了天照大御神天之石洞神话中所蕴含的母权意识。蕴含着父权意识的速须佐之男命神话与之对立存在，但是两者既无所谓谁对谁错，也无所谓以谁为中心，而是在微妙的平衡中并存。

速须佐之男命完成除掉大蛇这一英雄行为之后，建造须贺宫，并吟诵诗歌。"云气起其间"的和歌极为有名，可以称得上是日本最古老的和歌。在粗野的战斗之后，速须佐之男命又完成了一件极具文化性的工作。这种多面性和自由转换性正是"计谋之星"的必备特征，而速须佐之男命已经超越了单纯的淘气鬼形象，逐渐向英雄、文化英雄靠拢。实际上，速须佐之男命的故事到此并未结束，他还发挥了另外一个重要作用，下一章将从他与大国主神的关系出发来探讨这一问题。

五　速须佐之男命·倭建命·本牟智和气

速须佐之男命除掉大蛇的故事，关系到父权意识的确立，从后来日本文化的发展过程来看，具有特殊的地位。不过，如果以欧洲近代为标准来看，也可以说具有一种"普遍性"。总之，速须佐之男命的英雄神话，对日本神话来说非常重要。因此有必要探讨一下，随着时间的推移，故事发生了怎样的变化。有两个人物——都是出现在神话时代之后的"历史"中的人物，是在研究速须佐之男命神话时无法避开的，必须予以探讨。他们分别是倭建命和本牟智和气。

倭建命是日本人心中的一位"英雄"。为了对比他与速须佐之男命的英雄行为，先来探讨此人。他所使用的武器正是速须佐之男命从大蛇体内得到的草薙剑，令人感到他与速须佐之男命渊源颇深。

倭建命与父亲关系不洽，以被父"驱逐"的方式离开父亲的世界，这一点与速须佐之男命相同。倭建命最初名叫小碓命，是景行天皇的次子。因为皇长子不到天皇早晚的宴会露面，天皇命他前去劝导，结果他把哥哥"抓住制伏"，杀死了。天皇对他的残暴十分震惊，命他去讨伐西方反抗天皇的熊曾建，其实是找借口"驱逐"他。结果小碓命打败了熊曾建，完成了一个英雄壮举，这一点也与速须佐之男命相同。

小碓命男扮女装潜入熊曾建的宴会，看准时机拔剑刺杀熊曾建。这是一种兵不厌诈的手段。前面提到过速须佐之男命男扮女装的可能性，同时，也是他设计使大蛇喝醉后将它杀死。所以，虽然二人都被称为"英雄"，其实均有"计谋之星"的特点。熊曾建临死之前问清小碓命的来历，把自己的名字"建"赠送给他，于是，小碓命自此更名为倭建命。此段情节，速须佐之男命的故事与倭建命的故事非常相似。

倭建命的故事继续往下发展，其间他的英雄形象逐渐失去光辉。小碓命不费吹灰之力杀掉哥哥所显示出的神力，令人联想到希腊神话英雄赫拉克勒斯，后者曾在婴儿时绞杀两条蛇。但是赫拉克勒斯与父亲宙斯的密切关系，在他之后的生涯中十分重要。与此相反，如前所述，小碓命与父亲关系龃龉，背后支持他的是女性。速须佐之男命曾因想见母亲而痛哭，小碓命的故事中并无母亲出现，但是他与可以看作母亲替身的姑母倭比卖关系密切。

倭建命平定熊曾建之后又去杀出云建，这次仍然使用了谋略，带有"计谋之星"的属性。其后他吟咏了和歌，令人联想起速须佐之男命。尽管他已经立下如此赫赫战功，天皇仍然命他继续东征。他感叹道：这简直就是天皇在对我说"去死！"倭建命出征前去拜别姑母，姑母听到他的感叹，以草薙剑相送。正是这把剑救了他的性命。具体情节略去不谈，且来探讨一下倭建命拥有草薙剑的含义。

剑在世界各国，均被用于男性的象征。倭建命拿到颇有来历的草薙剑，而且它是前辈英雄速须佐之男命打败怪物得到的，意义愈加重大。但是，剑并不是在男性谱系内部流传下来的，而是通过天照大御神，以及奉仕于伊势神宫的倭比卖这一女性谱系传到他的手中。即是说，它已经不是纯粹的男性性的象征了。这是日本神话极为微妙之处。因此，倭建命与那些简明的男性英雄形象有所不同。

首先，大家知道，倭建命在海上遭遇风浪，妻子弟橘比卖以自身为祭品沉入水中而亡。与速须佐之男命得到栉名田比卖相反，倭建命借助女性的献身完成了任务。倭建命去美夜受比卖处时，尽管当时她的"衣裾上，有月经附着"，在赠和歌之后，仍与之"结为伉俪，将所配草薙剑，置于美夜受比卖之处，前去攻打伊吹山神了"，结果，在伊吹山一命呜呼。倭建命临死之前吟诵了一首和歌，思念留在美夜受比卖处的剑。

少女的床边，我放下的草薙剑啊，我的剑！

倭建命把作为男性性象征的剑，还给作为母亲替身的女性，而迎来悲剧性的死亡，这与作为父权意识体现者的"英雄"形象大相径庭。也就是说，速须佐之男命英雄行为的继承者受到母权意识的极大影响。

倘若将与月经期女性的交媾，看作违反禁令与女性接近或者破坏女性制定的禁忌的行为的话，便会令人联想到后面我们将要讨论的火远理命与丰玉比卖的故事。正因为火远理命打破了丰玉比卖制定的禁令，才致使她离去。此事容后详论。总之，在与速须佐之男命相似的英雄倭建命身上，映射出母权意识强大的影响力。

此种变化是如何产生的呢？这要从本牟智和气谈起，他是倭建命的父亲景行天皇之前的天皇——垂仁天皇的儿子。本牟智和气不是"英雄"，甚至可以称之为"反英雄"，他的所有行为，均与英雄速须佐之男命全然相反。简介其生涯如下。

本牟智和气的诞生充满戏剧性。垂仁天皇的妻子沙本比卖的哥哥沙本毗古叛乱，双方战斗，沙本比卖跑回哥哥的阵营，彼时她已有孕在身。正当战斗激烈之时，于火中诞生一子，故名本牟智和气[①]。本牟智和气被送到天皇身边，母亲沙本比卖却选择与哥哥同亡。与速须佐之男命相比较，速须佐之男命在水中诞生于父体，而本牟智和气在火中诞生于母体，两者诞生的方式完全相反，象征着他们将走出截然不同的人生之路。

然而，本牟智和气却是"八拳之须垂至胸前尚不能语"，即长大之后不曾开口说话。这里"八拳之须垂至胸前"的表现方式，与速须佐之男命哭闹时的表现方式雷同。耐人寻味的是，在没有母亲只有父亲这一点上，他们二者是相同的，但是他们的父亲对待孩子的态度却形成鲜明对比。速须佐之男命的父亲怒气冲冲地将他驱逐出去，而本牟智和气的父亲却自始至终总想为孩子做点什么。本牟智和气听到空中飞过的天鹅的叫声，第一次开口发出声音，而后继续闭口不言。总之，天皇梦中听到一个声音告诉他："若把我的宫殿造得和天皇的宫殿一样，那么王子一定能够说话。"天皇通过占卜得知，那是"出云大神的指示"。这里出现出云大神，值得关注。因为此时，天照大御神的后裔成为天皇，天照大御神的体系已经占据中心地位。而提醒人们出云体系不容忽略的事件不时出现，则是为了保持平衡。

于是天皇命本牟智和气去出云参拜，王子立刻变得口齿清楚，令部下大喜过望。本牟智和气在那里与肥长比卖共宿一夜，却窥见少女是条大蛇，惊惧而逃。肥长比卖前去追赶，本牟智和气乘船而逃，竟把船拉过山顶，逃之夭夭。

---

① "本"在日语中训读作"火"，发音同。"本牟智和气"意为"火中小王子"。——译注

这个故事中，最后的场面格外令人印象深刻。速须佐之男命击败大蛇，与栉名田比卖结婚，而本牟智和气却先与肥长比卖结婚，在得知她是蛇后逃走，与她分离。他的行为与速须佐之男命正好相反。本牟智和气从诞生之日始便已然如此，他的举动似乎是对速须佐之男命所有行为的否定，如同用橡皮从第一个字开始把记录擦掉一样，要把它完美消解。

在经历这样的"消解"之后，倭建命作为"英雄"出现。如前所述，虽然他与速须佐之男命之间有某种联系，但他的形象显得深受母权意识影响，是日本人所偏好的"悲剧英雄"。

反观速须佐之男命的生涯——尚未涉及其老年——首先他是一个与母权关系密切的儿子，然后是"计谋之星"、海奴贝莱型神话、打败怪物的英雄等等。他非常罕见地依次经历了这些世界各地神话中普遍存在的主题。尤其值得注意的是，他原本是作为确立父权意识的主人公登场的，但是，如前所述，由于后来产生了将其消解的行为，而未能形成日本文化中正式的继承关系。当然，在日本历史中时常出现的某一类人，若把他们作为"速须佐之男命的后裔"来看，是非常有意思的。

总之，虽然速须佐之男命完成了以上诸多成就，在须贺建了宫殿，甚至吟咏了和歌，还生了许多孩子，但他并未定居此地，成为出云国的王。其去向在《古事记》中不见只言片语，只有《日本书纪》中写道，"已而速盏鸣尊，遂就于根国矣"。关于"根国"所指何处，众说纷纭。然据《古事记》记载，后来大国主神曾造访此处，就其时之描写来看，可视同黄泉之国。大概速须佐之男命在功成名就之后，把真正创立国家的事宜交付子孙，自己去往母亲伊邪那美所在之处了。不过，他的使命尚未结束，在大国主神的活动中，他依然发挥着重要作用。下章予以探讨。

第八章
大国主神建立国家

前一章中讲过，速须佐之男命虽然成就了许多事业，却并未留在出云国做王。继承他的未竟事业、最终建立出云国的是他的五世孙［《日本书纪》正文中称之为亲生儿子，第八段"一书曰"（2）中称之为六世孙］大国主神。据《古事记》的记述，大国主神"亦名大穴牟迟神，亦名苇原色许男神，亦名八千矛神，亦名宇都志国玉神，共有五个名字"。《日本书纪》第八段"一书曰"（6）中，这五个名字的汉字表记与此有所不同，而且除此五个名字外，又增加了大物主神、大国玉神，共计七个名字。根据神话讲述情形的不同，名字随之变化，最终统合各种神格，作为建立国家的神，创生出"大国主神"的称呼。

他在出云神话中如此重要，以下所谈到的诸多关于大国主神的故事，虽见于《古事记》，却不见于《日本书纪》的正文，颇令人玩味。在《日本书纪》里，仅仅作为补充，在"一书曰"中记述了《古事记》所记述的有关神话中的三个："少名毗古那的出现""大穴牟迟神与少名毗古那建国""大三轮神的出现"，其他均无。这该作何解释呢？

这大概源于在历史上，出云地方曾存在一个强大的独立国家，不知具体经过如何，总之后来顺服于天皇朝廷。于是在神话中，特意将出云系神灵的始祖设定为天照大御神的弟弟速须佐之男命。《日本书纪》的编纂意图，偏重于针对外国（主要是唐朝），明确主张日本国家的独立存在以及天皇政权的正统性，因此出云国的事情便仅仅被保留在"一书曰"中。而"稻羽之白兔""大国主神求婚""须势理毗卖的嫉妒"等"故事"就显得更加无关紧要，从而被完全忽略。

另外一个需要注意的问题是，出云国神话描述了许多诸如兄弟间的争斗、欺骗、报复、嫉妒、欺凌等非常人性化的感情。大概是因为虽然同为"神话"，出云相对于高天原来说，具有强烈的地上世界的感觉，带有"民间故事"的性质。此外，前面谈到天照大御神时，讨论过父女的组合，出云神话中对于速须佐之男命与须势理毗卖的父女关系的描述，则含有更加人性化的情感。

因为《古事记》的政治意图不似《日本书纪》那般强烈，所以记录了如下讲到的这些故事，这是值得庆幸的。也正因为记述比较自由，其神话整体才能呈现出一个精彩的结构。下面就《古事记》中的出云神话进行探讨。

一 稻羽之白兔

稻羽白兔的故事在日本家喻户晓，它作为《古事记》中出现的第一个动物具有重要的意义［当然，在《日本书纪》第四段的"一书曰"（5）中，载有伊邪那岐与伊邪那美结婚时，看到鹡鸰摇其首尾而学会交合的故事］，而且值得注意的是，故事是以兔子为主人公的。

　　　　　　　神话与日本人的心灵

大国主神兄弟众多（号称"八十神"），他们都想和稻羽的八上比卖结婚，于是一同前去拜访。他们把大国主神作为仆人，让他背着口袋。不知道是什么原因，只有大国主神一个人被众兄弟疏离。世界各国的民间故事中，经常会有兄弟之中被认为最弱小、最愚笨者最后获得成功的故事。而在他通往成功的路上，通常会得到动物的帮助。因为只有他会友好地对待动物，或者听从动物的忠告。格林的"黄金鸟"便是典型的例子，兄弟三人中最小的弟弟，在狐狸的帮助下取得了成功。它要强调的是善于利用动物的智慧（抑或自然的智慧）者才能成功，而不是依靠人类的一般智慧。

　　在出云神话中，兔子的故事比大国主神的故事更加重要。当然，与八十神折磨、欺凌可怜的兔子相反，大国主神对它十分友善。在此之前的故事十分有趣，兔子正为自己顺利地欺骗了鳄鱼而扬扬自得，不料突然被鳄鱼剥去衣服变得一身精光。这正是典型的计谋之星。当然，它不是像速须佐之男命那种近乎英雄的计谋之星，而仅仅是一个因为淘气几致丧命的单纯的计谋之星。

　　实际上，兔子作为计谋之星活跃于非洲大陆的神话之中。具体的举例从略，总之，非洲神话里充斥着兔子的机智故事。从我国的民间故事及传说来看，兔子这一计谋之星的特点非常多元，既有像佛教故事中的善良一面，也有欺骗、教训恶狼的狡猾与强大，有时还会表现出残忍的一面。大国主神作为速须佐之男命的后继者，如此友好地对待兔子则是理所当然。

　　兔子听从大国主神和善的忠告，恢复了健康，它对大国主神说："此八十神，必不能得八上比卖，汝虽负袋，必获芳心。"正如兔子所言，八上比卖拒绝了八十神，愿与大国主神结为连理。这里，兔子的话与大国主神的婚姻是并行的，并未提及其因果关系或者报恩之事，独具特色。例如，在浦岛太郎的故事中，根据《丹后国风土记》逸文的记载，海龟突然变身为姑娘，向浦岛太郎求婚。其中的海龟"报恩"一节乃为后世所加。从事物中找寻因果关系，尤其是"报恩"的思想，不过是后人的思维方式。

受到八上比卖拒绝的八十神恼羞成怒，图谋杀掉大国主神。他们对大国主神说"我们去把山上的红色野猪赶下来，你等在这儿把它抓住"，然后八十神把一块形似野猪的大石头烧得通红滚下山。大国主神抱住石头，结果被灼伤致死。母亲悲痛不已，去往高天原向神产巢日神求助。

> 即遣蚶贝比卖与蛤贝比卖，使之复活。蚶贝比卖刮下壳粉将其收集，蛤贝比卖吐出一些水，如母乳般涂在他的伤口，但见一壮健男子走出。

这里出现的贝是拟人化的。很多情况下，贝是女性的象征，此处则反映了神产巢日神的母性特点以及他与出云系的神关系之密切。借助于神产巢日神"如母亲般的人"的功能，大国主神经历了"死亡与复活"，变成"壮健男子"，但要真正成为顶天立地的男子汉，还要经过许多考验。若是普通成人礼，或许经历一次"死亡与复活"便已足够，而对于一个有治国责任的人来说，只有通过多次考验才能真正成熟。

八十神对他的迫害并未结束，他们又劈开大树把他夹死。这次仍被母亲救活。他逃到纪伊国，八十神竟追赶而至。于是大国主神想，去根之坚州国找速须佐之男命的话，他一定能为自己想个好办法吧？

作为成熟标志的成人仪式，在某种意义上，经历"死亡与复活"是必需的。大国主神虽然已有两次生死体验，却依然不够，甚至必须前往根之坚州国。很多成人仪式要求年轻人必须暂时离开日常世界，进入一个非日常的地方，在那里获得完全非日常的体验，然后再回归日常世界。通过这一过程，人们承认他们已经成长为合格的大人了。大国主神的两次"死亡与复活"的体验，某种程度上也是发生在非日常的场所，但尚不足够。正因为他是将来要成为出云之王的人，才必须要去一次"根之坚州国"这个次元迥异的世界。而且，最重要的是，他要在那里见到"父亲般的人"。只有经过与"父亲般的人"的对决，才能真正长大成人。速须佐之男命便是背负着这样的使命，最后一次在神话中出现。

这也是日本神话的特点，一方面，相似的事情反复出现；另一方面，每次又有些许变化。大国主神造访根之坚州国，令人自然而然地想起伊邪那岐探访黄泉之国的故事。后者的目的是为了将亡妻带回人世，大国主神则是被兄弟们追得无处可逃，于是前去寻求"父亲般的人"的庇护。伊邪那岐故事中，中心是他与女性（妻子）的关系；而大国主神的故事中，曾被认为只有他与男性（兄弟和"父亲般的人"）的关系。然而故事的展开出人意料。

二　大国主神的求婚

以下引文是大国主神造访根之坚州国的开头部分。

> 来到速须佐之男命之处，其女须势理比卖出来看见，约为夫妇，反身入内，乃告其父："有极壮丽之神来到。"大神出而见之，告曰："此之谓苇原色许男者"，即唤入，使寝蛇室。其妻须势理比卖授其夫避蛇之披肩，告之："蛇若咬你，将此巾晃动三次，即可退之。"依所教而行，蛇自安静，故得

安然入寝。

读来不禁令人惊讶：神话的节奏也太快了！刚刚才讲到大国主神对根之坚州国的访问是在男性关系中展开的，结果他一到那里，就出现了一位极其重要的女性，刹那间，故事便围绕这位女性与大国主神的关系展开了。

大国主神一到根之坚州国，就见到了速须佐之男命的女儿须势理比卖，而且两人一见钟情。接着，小姐向父亲报告说来了一位俊杰。速须佐之男命见到他，称他为"苇原色许男"。苇原即丰原国，"色许男"在《日本书纪》中，汉字写作"丑男"。这里的"色许"或"丑"，与"恶源太七兵卫"的"恶"一样，意为"强大"。速须佐之男命知道来者何人，他在这里的作用，是作为父女关系密切的须势理比卖的父亲，承担着会见来自外面世界的青年人的职责。

外来的男性闯入父女关系密切的世界，要与女儿结婚时，父亲进行各种刁难，男青年若不能顺利过关，便会丢掉性命。这样的主题，世界各地的神话中都有。即使在现代，虽不至于害人性命，也有很多父亲同样是通过"刁难"来击退纠缠女儿的男性的。只有这样，才能选出真正适合女儿的夫婿。但是作为一种私心，父亲也是想借此永远把女儿据为己有。

此类例子俯拾皆是，比如莎士比亚的晚期作品《伯里克利斯》中，在主人公第一次去求婚的安泰奥克国，公主的父亲、国王安塔奥克斯出了一个谜语，解不开谜底的人就会被杀死[①]。可是实际上，国王与女儿近亲相奸。《伯里克利斯》中描绘了各种各样的父女关系，值得探讨，但他把父女乱伦的故事放在最前面，令人感叹不愧

---

① 松冈和子译，《伯里克利斯》，筑摩文库，2003年。

是莎士比亚——他一针见血地道出了形成父女关系之基础的本质。

速须佐之男命与须势理比卖的关系也极其亲密。速须佐之男命一见到大国主神（此时尚称为"苇原色许男"。无特殊情况，均以"大国主神"统一称呼），就让他寝于"蛇室"，意思是要夺其性命。这时，须势理比卖送他"避蛇披肩"，使他幸免于难。他在须势理比卖的帮助下，"安然入寝"，第二天，以一副满不在乎的样子走出来。

速须佐之男命觉得不可思议，却初衷不改，又命他进入有蜈蚣和蜂的房间。但是，这次大国主神同样借助须势理比卖送给他的"避蜈蚣和蜂的披肩"安然过关，若无其事地起床了。他接连两次被所爱的女人救下性命。

男人所爱恋的女性是他的引导者、救命恩人的情节，在世界各地的故事中均可见到，它既存在于许多神话、民间故事中，也出现在大量文学名著里。有时，在现实生活中，许多男性艺术家从自己爱恋的女性身上获得灵感，以此为基础创作出不朽的名作。日本神话便描绘了一个典型的此类女性的形象。不过需要注意的是，《日本书纪》并未收录这一故事。这是因为，日本的所谓"正统"谱系，由于重视母权意识——现实的社会制度却是父权制，所以情况比较复杂——而欲强调"母性"（母なるもの）的伟大时，此种女性形象反而会被认为是一种妨碍。总之，《古事记》详细地描绘出这样一个女性形象，大国主神把她带回了人间，这是日本文化中非常重大的事件。

借助施救者女子须势理比卖的援手，大国主神得以平安无恙。但速须佐之男命依然不死心，又生一计。速须佐之男命把箭射入原野，让大国主神去捡回。当大国主神步入原野，速须佐之男命立即命人放火，想要烧死他。速须佐之男命这次所采用的手段与前两次完全不同，不是用可怕的动物夺其性命，而是手持作为战争武器的"箭"，并用火来进攻。对于像前两次那样的"自然"的威胁，须势理比卖尚可救助，但这次情况不同，须势理比卖亦无计可施。她以为大国主神必死无疑，甚至为他准备好了葬礼，然后前来收尸。不料大国主神竟然在老鼠的帮助下，化险为夷。

前面曾经提到，动物在出云神话中屡屡出现。高天原神话表现的是天界的智慧，出云神话则更重视土地的智慧、动物的智慧。或许可以说是大国主神先前救助兔子的行为得到了回报，这次是动物救了他。借助老鼠的智慧，大国主神知道有一洞穴隐于地下。在对付速须佐之男命的前两次刁难时，是通过女性（须势理比卖）的帮助战胜了动物（蛇、蜈蚣等）；这一次则是通过动物（老鼠的智慧）的帮助躲过了人（速须佐之男命）放的大火。神话的结构相当精彩。

速须佐之男命接着又让大国主神为他捉头上的虱子，说是虱子，其实是许多蜈蚣。但是可以看到，速须佐之男命这次所给的任务，已经变为近距离接触。说明速须佐之男命对大国主神已有些亲近。有蜈蚣出现的地方便少不了须势理比卖，她把糙叶树的种子和黏土递给大国主神，他把它们一起嚼碎吐出来，速须佐之男命误以为蜈蚣真的被咬死了，"心中佩服，安然睡去"。

趁速须佐之男命睡着，大国主神把他的头发系在屋内所有的椽子上，又用大石头堵住门口，背着须势理比卖，拿了速须佐之男命的"宝物大刀弓矢和天沼琴"逃走。他不仅抢了人家的女儿，还把"父亲般的人"所拥有的武器、琴也一并带走。这里"琴"的出现值得体味。速须佐之男命不仅有武器，还有乐器。此处"琴"的功用，大概是显示速须佐之男命的神力。演奏乐器所发出的声音，大多与人的灵魂相关。阅读后世所著《宇津保物语》，便会强烈感受到琴的神力。

然而，那琴几成致命之物。琴碰到树，"地动而鸣"，速须佐之男命被吵醒，追赶时拽倒了房子。趁速须佐之男命解开系在椽子上的头发的时候，二人已逃出很远。速须佐之男命追到黄泉比良坂，冲着远去的大国主神大声喊叫。此处记述十分精彩。

> 你用你那大刀、弓矢，将你的兄弟追于坂上、赶散于河滩，自己立为大国主神，亦是宇都志国玉神，娶我女须势理比卖为正妻，在宇迦山麓，于磐石之上竖立宫柱，向高天原高建栋梁住在那里吧！你这东西！

速须佐之男命态度骤变。之前他一心要杀死向女儿求婚的男性，此时却向女儿及其年轻的丈夫发出祝福，预言女婿将成为"大国主神""宇都志国玉神"。这种戏剧化的改变本身，恰恰体现了父亲嫁女时的真实心境。这段故事也打动了现代人的心，芥川龙之介曾以此为蓝本，创作了短篇小说《老年素盏鸣尊》。速须佐之男命作为"女儿之父"的形象令人印象深刻。

三 从速须佐之男命到大国主神

如前所述，速须佐之男命自诞生以来，历经磨难，终于成就了日本罕见的、意味着父权意识确立的英雄大业。但他并未留在人间，而是去往地下的世界。速须佐之男命事业的继承者，便是成功通过速须佐之男命的亲自考验、最终受到他祝福的大国主神。

两者的轨迹如图4所示。

速须佐之男命入侵天界，在那里见到女神天照大御神。后被驱

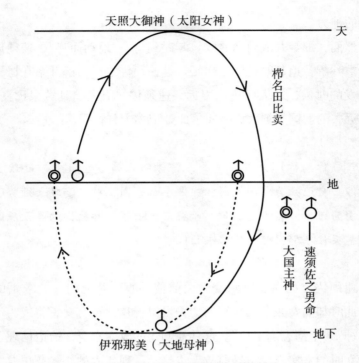

图4　速须佐之男命与大国主神的轨迹

逐，来到地上的世界，在这里根除大蛇之患，并与栉名田比卖结为夫妇。之后他没有留在地上世界，而是奔赴地下的世界。大国主神步其后尘，来到地下世界与之见面，历经各种可怕的考验，最后与须势理比卖结婚，回到人间。如图4所示，大国主神继承速须佐之男命开始的运动，帮他完成了一个完整的圆。

　　若把此图看作神代之宇宙论，其中最具特点的，莫过于天上与地下的世界皆由女性统治一事。天上有太阳女神，地下有伟大的大地母神伊邪那美。两者之间是地上的世界，地上的英雄速须佐之男命，见到了天上的天照大御神，去到地下之后，应该也见到了伊邪那美。大国主神虽然继承了速须佐之男命的事业，却似乎并不知晓天照大御神与伊邪那美的存在。也就是说，大国主神要完成的圆，虽然在地上世界可谓已经达成，但尚有不足之处，将来他必须要与高天原有所联系。或者说，大国主神的任务，便是把地上世界提升到适于迎接天孙从高天原降临的状态。

探讨大国主神的任务时我们能想到的另外一件事，就是伊邪那岐探访冥界。伊邪那岐造访地下世界，试图将亡妻带回地上世界，却以失败告终。与此相对照，大国主神探访地下世界，将自己的救命恩人须势理比卖成功带到地上世界。这也体现出大国主神的任务意义重大。伊邪那美和伊邪那岐时期的女性形象，与大国主神和须势理比卖时期的女性形象迥然不同。前者给人以强烈的老祖母的印象，与此相反，后者则明显是一位具有父权意识的、男性与女性交往时所喜好的阿尼玛原型（荣格心理学中所提出的，对男性而言的灵魂之象）的女性形象。

回到地上世界的大国主神，变身为歌颂与女性之关系的文化人。当年，速须佐之男命曾以"云气生其间"的和歌，展示了他作为文化英雄的傲姿。如今，大国主神则留下了《古事记》中第一首长歌，体现了他重要的文化地位。在这一点上，他也继承了速须佐之男命的特点。这首和歌或许不是严格意义上的"长歌"，但是《古事记》的众多故事中，以速须佐之男命的和歌为首，常为形式短小的和歌。与之不同，八千矛神（大国主神的别称）访问高志国的沼河比卖时，"咏歌曰……"吟诵了一首很长的和歌，这是难得一见的特例。

《出云国风土记》对岛根郡美保乡的记载中，有"所造天下大神命，娶高志国坐神意支都久辰为命子、俾都久辰为命子，奴奈宜波比卖命……"①之语②，记述了大国主神与沼河比卖结婚一事。但其所述与《古事记》所述是否为同一事件，并无定论。

此事暂不深究，且看《古事记》中的和歌。

> 八千矛之神，八岛国中妻难寻。
>
> 听闻远方高志国，有女贤明且端丽。
>
> 只为求婚故，兀自启程去。
>
> 只为求婚故，踏上旅程路……

这是和歌的开头，说的是八千矛神得知，在遥远的高志国，有一位聪明美丽的女子，于是前往求婚。和歌以第三人称"八千矛神"开始，中途主语则变成了"我"：任凭对姑娘家的板门又推又拉，都无法入内。一事无成之际，鸟儿们已经开始啼鸣，天色渐亮。这样的鸟儿实在可恨，真想杀了它——和歌如此咏道。

沼河比卖则回赠和歌道：迟早我都是你的人，请不要杀那些鸟。明天夜里，我们同床共枕吧。于是，"当夜未能结缘，翌日夜，好事竟成"。

但是，大国主神的妻子须势理比卖知道后异常嫉妒。这里讲到了"嫉妒"，是非常值得注意的。在希腊神话中，有多个关于宙斯的妻子赫拉的嫉妒故事。日本神话中的大国主神，与宙斯一样，因为和诸多女性有瓜葛，使得妻子心生嫉妒。赫拉的嫉妒之情颇为激

---

① 秋本吉郎校注《风土记》，日本古典文学大系2，岩波书店，1958年。自此以下，《风土记》的引文皆据此书。

② 这段对《风土记》的引文中，"所造天下大神命"即大国主神，"高志国坐神"即统治高志国的神之意。"意支都久辰为命"及"俾都久辰为命"皆为人名，其中"命"为尊称，他们是沼河比卖的父母。"奴奈宜波比卖"即沼河比卖，日语中两者读音相同。——译注

烈，她对宙斯所爱女性的报复十分残酷。而日本的故事则迎来了非常不同的结局。

因为对须势理比卖的嫉妒有些难以应付，大国主神决定从出云国前往倭国。整备行装，就要上马时，"一只手放在马鞍上，一只脚踏进脚镫里"，咏歌相赠。这也是一首很长的和歌，大意是：我这样离你而去的话，你会悲伤哭泣的吧？从整首和歌来看，在最后一句"我走之后你会悲泣的吧"之前的内容，极其冗长，其中充斥着各种形容词，语词重复。而且，从内容上来说，一句"我走之后"足够，它却用了很长的篇幅吟咏，可以说是啰里啰唆。但实际上，它是要通过这样的表现方式，来表达恋恋不舍的情怀。了解这一点，就可以理解为何如此这般了。

须势理比卖回赠的和歌，因为也是表达感情的，自然采用了与大国主神的和歌同样的技法，但较为独特的是，它更加直接，开头首先直呼对方的名字。

八千矛神啊，我的大国主！

这称呼真是直截了当！然后在和歌中间，明确表示：

除你之外无男子，除你之外无丈夫。

最后以：

将我的玉手为枕，舒展你的双腿，安睡吧！
将这琼浆美酒，饮下吧！

收尾。

大国主神似乎被她打动。他们互换酒杯，"相互以手搭肩，至今坐镇其地"，结局十分圆满。

如此，《古事记》对夫妻间的爱情受嫉妒所扰，又通过和歌彼此交流情感，直到和解的过程进行了详细的描述，这是它独具特色的地方，《日本书纪》则完全没有此段内容的相关记述。不是亲子那样的纵向关系，而是夫妻这样的横向关系受到如此重视，这在日本精神史上也是非常罕见的。从这个意义上来说，速须佐之男命-大国主神的系统是极其重要的。

此外，八千矛神（大国主神）与沼河比卖、须势理比卖之间的和歌赠答以及他们之间的关系等，成为后世王朝物语中男女恋爱故事的范本。在这个意义上，必须承认，大国主神在文化方面做出了巨大贡献。

四 与少名毗古那的合作

大国主神要完成的一项重要工作，便是建设出云国。在此之前的神话，都是为了证明他的确是一位具备完成此项伟业的男性性的神。此后，才是大国主神建设出云国的经过。但是，他并非孤身一人完成大业，而是需要一个非常特别的合作者，这个人就是少名毗古那。《古事记》的描述，从少名毗古那的出场开始。引用原文如下。

大国主神在出云的御大之御前时，有一位神乘着萝藦做的小船，身穿整个剥下的蛾皮，自浪花之上而来。问他名字，却不回答。又问随从众神，皆曰"不知"。其时，谷蟆说道："此事崩彦必知。"遂召崩彦问之，答曰："此乃神产巢日神之御子少名毗古那神是也。"于是前去禀报与神产巢日神御祖命，答曰："确为我子。于我子之中，他是从我的手指间漏出去的儿子。如今，可与你——苇原色许男命——成为兄弟，把那国土建设完成。"是故，自此之后，大穴牟迟与少名毗古那二神，共同建设国土。

此神的出场十分奇妙，装束、身高、出身，无一不奇特，这就是大国主神建设国土不可或缺的合作者。无论是《古事记》还是《日本书纪》，"建设国土"一词仅出现在出云神话中。要完成这项重大的任务，大国主神不是凭借一己之力，而是必须依赖于少名毗古那这样一个奇妙的合作者，此事值得探究。

那么，少名毗古那到底是怎样的神？他究竟发挥了什么作用？对于少名毗古那这个名字的来历，有诸多探讨，本文不做深究，只将它看作是与大国主神的别名大穴牟迟的对比[①]。这两位神可以说是绝配。《风土记》中记述了他们作为两人组合活跃于日本的情形，在这些记录中，他们均以组合的方式出现——这一点后面将会详细论述。只有在《伯耆国风土记》的逸文《粟岛》中，记录了少名毗古那一人的行动，但是，这是他"坐在小米上，被弹回永恒的国度"——离去之时的故事，所以只有他一个人的名字而不是两人同时出现，实属理所当然。总之，大国主神与少名毗古那的组合非常强大。关于两者的对照性性格，容后再论。

关于少名毗古那的装束，也有不少研究，总而言之，当是体现

---

① "大穴牟迟"日语读作"おおなむぢ"，"少名毗古那"日语读作"すくなびこな"。其中，"おおな"与"すくな"是反义词，而"むぢ"和"ひこ"皆为尊称。——译注

了他与自然的密切关系。大国主神拥有作为建设国土之神的崇高，与此相对，少名毗古那则补偿性地具有与自然的紧密结合。当他初次现身，众人皆不知其为何人之时，癞蛤蟆（谷蟆）说稻草人（崩彦）一定知道，结果正是如此。这是上述观点的体现，即只有癞蛤蟆、稻草人等与"土"亲近的东西，才会了解少名毗古那。而其中还包含了这样的反论：那些低微的存在、不动的东西，才拥有宝贵的知识。关于文中的"谷蟆"和"崩彦"具体为何物，多有争议，本文采用较为通行的观点，即它们分别是"癞蛤蟆"和"稻草人"。如此，少名毗古那的特点被充分展现出来。

在稻草人的启发下，大国主神去询问神产巢日神，神产巢日神说确实是他的儿子，"是从我的手指间漏出去的儿子"，并要求大国主神与之结为兄弟，共同建设出云国。此处神产巢日神的登场意义重大。前面讲过，他是第一个三元结构中的一位神，同时与出云关系颇深。在《出云国风土记》中，神产巢日神有时被称为"御祖、神魂命"，屡次出现。少名毗古那既是神产巢日神的儿子，那么他对于出云来说，是非常重要的。

少名毗古那是从神产巢日神的手指缝里漏出来的，关于此事，《日本书纪》有如下记述——当然，一如往常，《日本书纪》不会在正文中记述与少名毗古那有关的只言片语，而是见于第八段"一书曰"（6）中。在这段记述中，少名毗古那不是神产巢日神的儿子，而是高御产巢日神的儿子。高御产巢日神说：

> 吾所产儿，凡有一千五百座。其中一儿最恶，不顺教养。自指间漏堕者，必彼已。宜爱而养之。

此处之所以会有高御产巢日神出现，依然源于《日本书纪》重视高天原系统的强烈倾向。总之，在这里，少名毗古那被形容为一个相当顽皮的孩子。在冲绳话中，把非常顽皮、敏捷伶俐、不好对付的孩子称为"从手指缝里漏掉的蕨菜"。另外，"一书曰"中还记述道：当大国主神把少名毗古那放在手心里时，他跳起来咬了大国主神的脸颊一口。这明显体现了少名毗古那"计谋之星"的特点。

说到计谋之星，在《播磨国风土记》中，还有这么一段有趣的故事。

> 从前，大国主神与少名毗古那相争："背着重重的黏土走与憋着大便走，这两个当中，哪个能走得更远一些？"大国主神说："那我憋着大便走吧。"少名毗古那说："那我背着黏土走。"两人争相出发。几日后，大国主神说："我不跟你比了。"他停下来解大便。这时，少名毗古那笑着说："好吧！累死了。"把那黏土随手扔在山冈上，此地得名埴①冈。又，大国主神解大便时，一棵细竹将大便弹起，沾到他的衣服上，于是此地得名波自贺村②。黏土与大便都变成石头，至今仍存。另有人说，品太天皇巡幸之时，于此冈建造宫殿，诏曰："此土乃黏土耳。"故称此地为埴冈。

背着黏土走与憋着大便走，哪个能走得更远？两人在这样的问题上争胜负，这是多么好笑又充满幽默的故事啊！虽然故事中包含了一些地名由来的情节，比如扔掉的东西变成了石头的部分，以及应神天皇（品太天皇）巡游至此，说"这土是用于涂墙的（黏

---

① 埴，即黏土。——译注
② "波自贺"是对汉字读音的借用，发音与"弹"相似。——译注

土）"等部分。但是故事的核心，仍在于表现一种极端的滑稽。

由此可以清楚地看到，相对于大国主神——如名所示——这样一个伟大而地位稳固的存在，少名毗古那充分发挥了计谋之星的特性，形成有效的补充。如此，这一对神，完成了农耕、医药、建设国土等重要工作，此处不一一介绍。他们的功绩，不仅在《古事记》和《日本书纪》中有记述，除了前面已经提及的文献之外，尚见于出云国、播磨国的风土记以及尾张、伊豆、伊予等国风土记的逸文，的确堪称丰功伟绩。

本书第一章中曾经提到，荣格派分析学家冯·弗朗茨指出，"两个创造者"是一个遍及全世界的主题①。两者之间的互补性极其重要，这既可以解释为拥有互补性的两个人的配合很重要，也可以解释为存在于一个人自身内部的互补性很重要。所有重大的工作都无法用普通的方法达成，当他们两者协同工作时，便可以完成重大的任务；但是，当他们互相敌对或者分裂时，便迎来彻底的悲惨结局。在当下的实际生活中，经常可以看到与这两种情况类似的例子。而当存在于一个人自身内部的互补性发生分裂的时候，就会产生双重人格。

大国主神和少名毗古那体现了一个神的两种互补性的神格，关于这一解释，可参考《播磨国风土记》的如下记述：

> 所以称笴丘者，乃大汝少日子根命与日女道丘神结为姻缘之时，日女道丘神于此丘备食物及笴器等具，故号笴丘。

----

① Marie-Louise von Franz 著，富山太佳夫、富山芳子译，《创世神话》（"世界創造の神話"），人文书院，1990年。

其中将两者结合，作为一个神的名字来叙述①。可以把它看作支持上述观点成立的一个证据。古代的智慧，在"描述"事物的时候，并不拘泥于到底是一个人还是两个人，重点是互补性。

如此重要的少名毗古那，突然之间，竟然消失了踪影。《古事记》中仅淡淡地写道："然后，少名毗古那神度常世国。"《日本书纪》第八段"一书曰"（6）的记述稍为详细，说他是从熊野的御碕（岛根县之熊野）去往常世乡的，又说他"至淡岛而缘粟茎者，则弹渡而至常世乡矣"。后者与前文引用的《伯耆国风土记》逸文《粟岛》的记述一致。

在少名毗古那突然离去后，《古事记》接着写道：大国主神很忧愁，没有了少名毗古那的帮助，我自己一个人能完成建设国土的工作吗？

那么事情的结果怎样呢？

　　于是大国主神心中忧虑，说道："我独自一人如何建设得好这国土？何神能与我共同建设？"其时，有一神至，光耀海上。此神道："敬待于我，我能共与相成，若不然，国难成。"大国主神问道："然如何敬待？"答曰："将我奉祀于环绕大和国之青山的东山上。"此乃御诸山之神。

大国主神忧虑之际，有一神自海上来，说若敬拜我，我就和你共建国土。问他该如何敬拜，他说要将他奉祀于大和国的东山上。

他是三轮山的神。相关记述，亦见于《日本书纪》第八段"一

---

① 引文中的"大汝"是大国主神的别名，"少日子根"即少名毗古那，读音近似。所以"大汝少日子根命"这个名字实际包含了两位神的名字。——译注

书曰"（6），其中这样描写现身此处的神：

> 于时，神光照海，忽然有浮来者，曰："如吾不在者，汝何能平此国乎。由吾在故，汝得建其大造之绩矣。"是时，大己贵神问曰："然则汝是谁耶。"对曰："吾是汝之幸魂奇魂也。"大己贵神曰："唯然。迺知汝是吾之幸魂奇魂。今欲何处住耶。"对曰："吾欲住于日本国之三诸山。"故，即营宫彼处，使就而居，此大三轮之神也。

文中出现的神，明确地说自己是大国主神的"幸魂奇魂"，于是，大国主神决定供奉他。对此，如果从少名毗古那与大国主神表现的是一个神的两个互补的侧面这一观点出发，可以得出以下推论：大国主神意识层面的、最符合社会要求的表面形象由大国主神来体现，其阴影的部分、第二人格的部分则由少名毗古那来体现。当二者逐渐融为一体时，只用大国主神一人的名字便已足够。而其深层的灵魂的部分，作为"幸魂奇魂"，上升到非日常的维度，只需与之保持精神上的联系即可。

这段故事中，突然出现大和国，而且在位于其中心地带的三轮山，祭奉着大国主神的灵魂，不禁令人惊讶。不妨这样理解：它的布局是以前述与大和朝廷的和解为前提的。这段故事对大和朝廷意义之重大，是后来才显现出来的。

如果我们不把大国主神和少名毗古那看作一个神，而是作为两个独立的个体，那么在这种情况下，少名毗古那的突然消失意味着什么呢？当两个人即将完成一项伟大的工作之际，相对其中的一方——通常是扮演台前角色的一方，其背后的支持者，会选择适当的时机，引退到"常世国"这样一个完全属于不同次元的世界。而

　　　　　　　　神话与日本人的心灵

留下来的人，则将他"供奉"起来，在精神上常保联系，一个人成就大业。这应该是最好的结局。两个人若一直合作至彻底完成某项工作，难免总要一决雌雄。和平解决事情的古代智慧，才会诞生这样的故事。

如此，出云国建设完毕，大国主神确立了他的王者地位。但是，日本国土的建设尚未结束，还有极其重要的故事在等着我们。

第九章
让　国

　　大国主神在少名毗古那的帮助下完成了出云国的建设，这是他对速须佐之男命未竟事业的继承与达成。如前所述，从他们两人与女性的关系这一角度来看，他们已经完成了确立父权意识所必需的重要工作，出云国的建设完成本身就可以构成一个完整的神话体系。如果这个谱系能够一直持续到现在，将会怎样？这是一个有趣的问题。闲话且放一边，故事还在继续。接下来的神话讲的是让国，即把出云国让给天照大御神这位太阳女神所统治的高天原的子孙。此后天孙降临，苇原中国自此成为属于天照大御神系统的天皇的统辖之地。

　　这件事情，在神话的整体构成中具有划时代的意义。因为日本神话到此完结，天皇统治下的日本国的存在基础也得以明晰。"让国"这一主题，在世界神话中极为罕见。一个人或者部族要得到某个东西，通常需要"战斗获得"，世界神话中随处可见这样的重要战斗。希腊神话里，宙斯须与克洛诺斯作战；北欧神话中的奥丁战胜并杀死了巨人尤弥尔。此类例子不胜枚举，而战斗的结果，通常是"善"战胜"恶"。

与此不同，"让国"一节，并不存在以高天原为善、出云国为恶的前提。就其本质而言，二者没有地位上的差别。只是为了强调天皇的正统性，必须将其中一方定为中心。因此，两者之间没有发生战争，而是采取了通过商议，进行让渡的方式，这个过程中需要双方各自做出一些妥协。

那么，出云为什么必须将国土让给天孙呢？这个问题很难明确回答。通俗易懂的观点就是，因为出云国到处都是邪神，所以要平定它。实际上，神话时代结束后，进入（所谓的）历史性记述部分，故事的模式变得简单。比如正像"神武东征"的名称所体现出来的，天皇通过讨伐"恶人"建立大和朝廷。依此模式考虑，即降临于日向的高天原系部族，逐渐平定了日本国。但是这会令人产生重大的疑问：既然是接受出云国的让渡，却为何降临在日向呢？而且此后，为什么看不到有关出云国的记述了呢？

对于这些疑问，笔者试做以下推论。神话当然总是与某些历史事件有关，但是正如在序章中已经讲过的，神话的意图并不在于记录这些史实。以此观点来审视让国神话，可以推断，它一方面在某种程度上与历史事件有关；另一方面为了使它拥有作为神话的"体系"而被加工过，并赋予了某些意图。事实或许是作为天皇祖先的部族，入侵九州某地（日向）后东征，建立了大和朝廷。其后，接触到繁荣的独立大国出云国，略有战斗，最终达成类似"让国"的协议。两者产生接触的地方可能是在播磨国一带，因为《播磨国风土记》中记载了许多出云系的神的故事。

神话的世界观，一是认为在天上与地下之间存在着"苇原中国"这个地上的世界，这是前面讲过的；还有一点是后面仍然要讲的，即强调不战而和的思想。因此，它把高天原系与出云系之间的议和，高度强调为苇原中国向高天原"让国"。所以，它将史实的顺序倒转，先讲"让国"，然后才是"天孙降临"，大概觉得只有这样才会令神话更加首尾一致。

神话强调"让国"，却产生了上述混乱之处，是否因此而导致记述上缺乏一贯性，并造成了《古事记》与《日本书纪》内容方面的微妙差异？此非笔者专业，纯属信口雌黄。但是，若不作此考虑，要理解"让国""天孙降临"及之后的故事，便极为困难。

以上的讨论到此为止，再回到我自己的专业领域，从心灵的角度解读《古事记》的神话体系。无关乎史实，解读整个神话中所蕴含的心灵的状态、思想，应该是可能的。

一　均衡的逻辑

笔者认为，贯通《古事记》的重点是"均衡"抑或"协调"。但它并非一种静止的均衡状态，而是不断变化，各部分之间保持着能动的关系，整体上保持协调。在能够保证整体协调的限度内，即使存在部分的对立或矛盾，也是被容许的；而可能导致协调遭到破坏的对立与冲突，则必须避免。

苇原中国要变成由高天原天照大御神的子孙来统治的时候，也必须避免武力冲突，因此才有"让国"一举。但事情并不是那么简单，而是相当迂回曲折。假如像神武东征的故事那样，将它用平定恶人而后建立朝廷的结构来呈现的话，事情就简单多了。之所以没有采用这样的方式，大概源于古代非常尊重"协调"的态度趋向。关于这一点，饶有趣味的是，《伊势国风土记》逸文中记载的故事显示，即便在神武东征的时候，亦会避免武力冲突。据此记载，伊势国由天御中主尊的十二世孙"天日别命"平靖，天日别命是跟随神武天皇平定此国的。他随天皇到达纪伊之熊野，于此处受命。以下引文出自风土记。

> 　　敕诏天日别命曰："国有天津之方，宜平其国。"即赐标剑。天日别命奉敕东入数百里，其邑有神，名曰"伊势津彦"。天日别命问曰："汝国献于天孙哉？"答曰："吾觅此国居住日久，不敢闻命矣。"天日别命发兵，欲戮其神。于时，畏伏启云："吾国悉献于天孙，吾不敢居矣。"天日别命令问云："汝之去时，何以为验？"启云："吾以今夜，起八风，吹海水，乘波浪将东入，此则吾之却由也。"天日别命令整兵窥之。比及中夜，大风四起，扇举波澜，光耀如日，陆国海共朗，遂乘波而东焉。古语之神风伊势国、常世浪寄国者，盖此谓之也。[①]

　　在天日别命与伊势津彦之间即将发生武力冲突之际，事情出现完美转机。伊势津彦的离去，丝毫没有败北者的感觉，而是堂而皇之、光辉灿烂。而后，天日别命向天皇报告此国已平定时，天皇说："国宜取国神名，号伊势。"伊势津彦的名誉就这样得以保全，达到平衡。不禁令人联想到让国时，建立神社祭祀大国主神一事。

　　《古事记》"让国"一节，是这样开始的。

> 　　天照大御神命曰："丰饶苇原之千秋长五百秋之水穗国，乃我之御子正胜吾胜胜速日天忍穗耳命所辖地也。"遂承命自天而降。天忍穗耳命立于浮桥，言道："丰饶苇原之千秋长

① 由于风土记以汉文成书，所以此处不做翻译，全盘使用《伊势国风土记逸文》原文，只增加了标点符号。原文据《伊势国风土记逸文》国会图书馆数字化收藏之渡边千秋藏书，在楳文库（和装书写本）。网址：http://fuushi.k-pj.info/pwk8/index.php?%E3%80%8E%E4%BC%8A%E5%8B%A2%E5%9B%BD%E9%A2%A8%E5%9C%9F%E8%A8%98%E9%80%B8%E6%96%87%E3%80%8F——译注

五百秋之水穗国喧嚣之极。"乃返天上，请命于天照大神。

　　首先，故事开篇便是天照大御神宣称自己的儿子天忍穗耳命是苇原之水穗国的统治者，其中并未给出理由，诸如因为此地邪神聚集之类。这与天照大御神诞生后，其父伊邪那岐命她统治高天原的模式相同。天忍穗耳命本欲依令而行，可是目的地似乎"喧嚣之极"，于是向天照大御神复命。从以上内容可以明确看到，天照大御神并没有命令自己的儿子用武力去夺取。如前所述，《古事记》神话非常重要的一点，是通过协调而不是武力冲突来解决问题。

　　那么，同样的部分在《日本书纪》中是如何描述的呢？不同于《古事记》的记述，它是以平定邪恶者的形式来呈现的。

　　　　天照大神之子正哉吾胜胜速日天忍穗耳命尊，娶高皇产灵尊之女栲幡千千姬，生天津彦彦火琼琼杵尊。故，皇祖高皇产灵尊，特钟怜爱，以崇养焉。遂欲立皇孙天津彦彦火琼琼杵尊，以为苇原中国之主。然，彼地多有萤火光神及蝇声邪神，复有草木咸能言语。故，高皇产灵尊，召集八十诸神而问之曰："吾，欲令拨平苇原中国之邪鬼。当遣谁者宜也。唯而诸神，勿隐所知。"

　　与《古事记》明显不同的是，在这里，高御产巢日神作为发号施令者出现。而且从最初便有将琼琼杵送往苇原中国的想法，意图也很明确，要"拨平苇原中国之邪鬼"。前面我们已经反复多次提到过《日本书纪》的编纂意图，出于这个原因，《日本书纪》不得不采取这种明确的平定恶人的故事形式，因此也不得不必须无视《古事记》中天忍穗耳命的存在。这段故事中需要留意的是，琼琼杵的外祖父高御产巢日神是作为指挥者来发挥他的力量的。此事后当详论。

下面回到《古事记》。既然天忍穗耳命报告说地上的世界"喧嚣之极",高御产巢日神依天照大御神之命,召集八百万神前来商谈对策。众神商讨后,一致推荐"天菩比神"作为使者。于是,天菩比神被派往人间,却"谄附于大国主神,至三年不复奏"。

只好又遣天若日子去,临行授之"天之灵鹿弓、天之大羽箭"。然而他却与大国主神的女儿下照比卖成婚,及至八年尚不复奏。于是派名为鸣女的雉鸡到人间了解情况,不料被天若日子用天照大御神所赐弓箭射杀。那箭直飞到高天原天安河的河滩,落在天照大御神和高御产巢日神的旁边(文中使用了高御产巢日神的别称"高木神")。高御产巢日神看到箭上带血,又是赐予天若日子之箭,便说:若此箭是天若日子射杀"恶神"之箭,则不会回射到天若日子;若是他别有"邪心",则必中无疑。说着将箭扔回人间,天若日子中箭身亡。这部分故事,不深究细节的话,《日本书纪》的记述基本与此相同。

对于下界,虽然《古事记》中也说那里"多有妄逞暴威之土著神",实际上大概应是更具魅力的所在,所以高天原派来的两位神,皆乐不思蜀。总之,既不能认为高天原是善、出云是恶,也不能说后者是个无序之地。即使是《日本书纪》,也不得不承认这一事实。这是日本神话的特点,不对善恶做简单区分。但是,出云必须服从高天原,于是便发生了下面的妥协。

二 极大的妥协

既然已经无法指望煞费苦心派到人间的天若日子,于是便派遣更加强大有力的建御雷神带着天鸟船神一同前往出云。且看《古事记》的描述。

> 以是，此二尊神降临出云国伊那佐之小滨，拔出十握之剑，倒插于浪花之上，跌坐剑前，问大国主神道："依天照大御神、高御产巢日神之命，使我等来问：汝所领之苇原中国，本乃赐我御子统治之国。故，汝心奈何？"答曰："仆无语。我子八重言代主神，当作答。然今狩鸟捕鱼，往御大之埼，尚未归来。"故遣天鸟船神，召八重言代主神来，问时，语其父大神曰："惶恐之至。愿将此国立奉天神御子。"即蹈覆其船，指尖向下拍手，以青叶柴作神篱，隐身而去。

这次所派的两人，谈判的气势强大。对于将剑倒立，跌坐其前的含义，虽无定论，却也体现了神灵现身、前来对决的姿态。令人印象深刻的是，天照大御神与高御产巢日神的名字在这里也是同时并举。面对二神的提问，大国主神说自己不能回答，儿子八重言代主神当会回答。昔日威风八面的大国主神，如今亦垂垂老矣，自己不下决定，而是听从儿子的判断。八重言代主神正在美保的御崎捕鱼，叫他来问，他说愿将自己的国土奉还天神之子，并立即自行隐身。如此收场实在无趣。难道"让国"真的会这么简单吗？果不其然，故事尚有续集。

当被问及还有没有其他儿子有意见的时候，大国主神说："有子建御名方神。"此时，建御名方神出场。他手拿一块大石头，说道："到我国来嘀嘀咕咕者何人？比一比力气吧。"不料，被建御雷神猛甩出去。他起身逃走，在科野国的州羽海（长野县的诹访湖）被抓住。命悬一线时，他乞求饶命，保证以后除了此地，哪里也不去，并同意让国。于是两位神又问大国主神，你的两个儿子都同意了，你怎么想？《古事记》中这样记述他的回答。

> "仆之二子神所言，仆不敢违。此苇原中国，随命既献。然仆之住所，须如天神御子即位时所居之宏伟宫殿，于磐石上立宫柱，向高天原竖起栋梁，则仆可居于不足一百亦有八十之隐身处。又仆之子等，百八十神，即以八重言代主神为先导，前往侍奉，必无相违之神矣。"

如此，达成让国协议。

仅从《古事记》的记述来看，其中既没有任何武力冲突，也没有杀人，波澜不惊之中，完成了"让国"这项伟大的工作。当然也并非完全没有"对抗"，这明显表现在建御名方神身上。他拿着一块大石头，喊道：是谁在那里嘀嘀咕咕？并且发起角力挑战。只不过很快便屈服于建御雷神的威力。总之，此处描绘了一个"力量对决"的形象。

八重言代主神与建御名方神这两个儿子的相反态度，或许正是大国主神心境的反映。不是压制另一方，只让一方得到表现，而是让这两个方面都表现出来，至于结果如何，顺其自然，这应当是他所期望的过程。实际上，建御名方神并不存在于大国主神的子孙谱系之中，而是被奉祀于长野县诹访神社的神。这不由得令人顿生疑窦：距离出云那么远的神，为什么突然作为大国主神的儿子出现在这里呢？虽然神话中解释说他是从出云逃到那里的，但仍然使人充满迷惑。真正的原因大概在于当时天皇政权的支配疆域已经到达彼处。

第二个重要之处是，作为让国的条件，大国主神要求把自己的住处建造得与天神御子的子孙的住所一样，建御雷神应允了。这就是说，让国所采用的不是由一方抹杀、征服另一方的方式，而是保留对方神格的办法。这在《日本书纪》第九段"一书曰"（2）的记述中表现得更加明显。其中提到，作为让国的条件，高御产巢日神对大国主神说："夫汝所治显露之事，宜是吾孙治之。汝则可以治神事。又汝应住天日隅宫者，今当供造，即以千寻栲绳结为百八十纽。"

此实为罕见之事。虽然将现实政治性事物让渡给高天原，却保留了宗教上的支配权，考虑到当时"神事"的重要性，可以说双方的妥协几乎是对等的。在神话的时代，"政教一致"的思想充斥着整个世界。像这样能够妥协到将其"分离"的程度来避免武力冲突，应该说体现了相当高的均衡的智慧。在这个意义上，让国是值得大书特书的事情。

三　高御产巢日神的作用

到了让国神话，高御产巢日神突然开始表现活跃，以下就此进行探讨。如前所述，在《古事记》中，他被称为高木神，经常与天照大御神成对出现。而《日本书纪》中，下命令的都是高御产巢日神，天照大御神的名字消失不见。对此现象的解释，是关乎日本神话结构研究的重要课题。

首先，由《古事记》来探讨。

《古事记》中，先是天照大御神发话。其中，天照大御神说想把自己的儿子天忍穗耳命派到出云国。即是说，此处重视母-子的联合。天忍穗耳命作为日本国的第一位统治者，其重要地位不言而喻。在这里，他与母亲作为一个组合同等重要，母亲一直影响着他。

或许有人会因此联想到母子神信仰，的确如此，此前的天照大御神极少以母亲的姿态出现，在此却表现为与儿子关系密切的母亲形象。《古事记》与《日本书纪》均不曾描绘天照大御神母性的一面，而在《古语拾遗》中有"天照大神，育吾胜尊，特甚钟爱。常怀腋下，故称曰腋子"的记述。为何这里突然强调母子组合的主题？以下略作探讨。

在第六章中，我们已经探究过母–女组合的意义。与之相反的则是父子关系，它恰恰体现了父权意识的谱系。弗洛伊德研究父权意识时，非常重视父子关系，认为其中产生的恋母情结普遍存在于人类社会。其后，根据文化人类学的研究，学者认为恋母情结并非人类社会普遍存在的现象，而是西欧社会所特有的。只要父权意识不重要，就不会形成强烈的恋母情结。

在实际的社会生活中，与这种"意识"问题相关，实际上存在父系–母系、父权–母权的家庭状态差异。一般认为，日本在遥远的过去是母系、母权的社会，但并没有确凿的证据。也可以认为是父系与母系融合的双系社会。但是不管怎样，一家之长的角色逐渐演变为由男性来担当。虽然已经从母权转变为父权，心理上却依然保留着母权意识的情况下，母子的关系便显得极为重要。换言之，即便是儿子成为一家之长，作为一家之长的母亲，其重要地位依然不可动摇。

于是母–子的组合走到台前。为减弱组合中母性的力量所使用的策略，就是在母子的背后设置一个智慧的男性老者，即高御产巢日神–天照大御神–天忍穗耳命的组合。在母–子之间，加入父亲，构成一个三元结构，似乎也可以。但是如此一来，父性的力量过于强大，会对母权意识形成威胁。因此，相对于父–母–子这种自然的

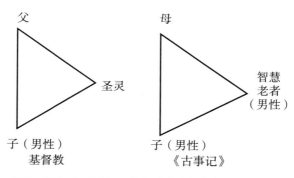

图5　基督教的三位一体与《古事记》的三元组合

三元结构，既强调母子关系，又在其背后注入父性元素的形式更受欢迎。

　　此处为比较之便，兼谈一下基督教的三位一体。在拙著《民间传说与日本人的心灵》一书中，探讨民间故事《火男的故事》所包含的"白发老翁、美女、丑童"——相当于神话中的高御产巢日神、天照大御神、天忍穗耳命——的三元结构时，已经论述过这一问题。因其重要，愿不厌其烦，再次提出[1]。

　　关于基督教圣父、圣子、圣灵三位一体的思想，根据早期的基督教派别诺斯替派的解释，"圣灵"可看作"母亲"。的确，正像我们前面指出的，父–母–子作为三元结构非常"自然"，但作为"一体"是很难理解的。于是，基督教将"母亲"排除在外，形成了"圣父–圣子–圣灵"的结构，基于三位一体的思想，确立了唯一神的观念。日本的三元结构不是"一体"，也就无法形成一神教。圣父与圣子性质相同，同为男性。基督教通过将其与圣灵相结合，弃自然于不顾，从而实现了其作为唯一神的一体化，明确表现出基督

---

① 河合隼雄，《民间传说与日本人的心灵》，岩波书店，1982年。后收入《河合隼雄著作集》第八卷，岩波书店，1994年。

教乃一神教的特点。总之，同性质的东西和谐相处才成就了"一体"。其中的圣灵就是"呼吸"，父与子是通过呼吸、魂灵相连的。

通过三位一体思想的发展史，可以比较清楚地理解属于父权意识的基督教文化的精神。荣格对此有过相关论述，以下引自拙著《民间传说与日本人的心灵》一书。

父亲，如其字面意义，乃第一人，是创世者。当儿子这一对立者的存在没有被意识到的时候，无所谓反省，只有他是唯一且绝对的。容不得半点批判与道德上的质疑，父亲的权威不容损害。此时，与父亲相对的他者，被从中分裂出来，完全置于意识之外。荣格认为，他所考察过的埃尔贡山居民们的生活方式，就是这种"父亲文化"的典型。住在埃尔贡山的人们，相信他们的创世主把一切创造得尽善尽美，因而生活得十分乐观。然而，当黑夜来临，世界骤然变成"另外的世界——黑暗的世界"，乐观的人生观陡然变成恐怖的人生观，变成丑恶跳梁的世界。而当黎明显现时，世界重新回到善与美，丝毫看不到与夜晚的世界斗争的痕迹。可以说这是最原始的父亲文化。

然后，儿子的世界到来。当人们意识到被分裂的机制所掩盖的黑暗的世界时，变化开始了。父亲并非绝对的存在，还有与他对立的存在，人们开始对父亲产生怀疑。这的确是个矛盾的世界。但是，一方面虽然人们对古老而美好的父亲时代充满怀恋，并祈望得到心灵救赎；另一方面人类的意识已经发生不可逆转的扩大，毫无可能再回到古老的时代。

第三个阶段是圣灵的阶段，圣灵作为与父、子共通的第三者，给儿子心中的疑惑及两面性打上了休止符。圣灵是把三者统合起来归为一者的要因。一者被父与子两者的对峙分裂之后，借由圣灵的出现，三者成为一体，达到作为一者的顶峰。如果把这三个阶段与人类的意识发展过程作类比的话，第一阶段就是完全无意识的依存状态，要从第一阶段上升到第二阶段，必须抛弃幼儿式的依赖性，而从第二阶段发展到第三阶段，必须放弃排他性的自立性。

以上笔者所整理介绍的荣格的观点，对于思考西方近代自我确立的过程以及研究基督教精神史颇有参考价值。与此相对，日本神话中的三元结构具有怎样的意义呢？以下试作探讨。

有一点需要首先说明：事实上，当基督教进入母权意识较强的文化中时，会产生与日本相同的三元结构的观念。笔者访问菲律宾时，感受到他们对马利亚强烈的崇拜，于是问道："你们认为马利亚与基督，谁更重要？"他们告诉我，马利亚和基督都是三位一体的组成部分，同等重要。并告诉我另外一种不同的"三位一体"组合：马利亚、基督与阿波·迪奥斯。

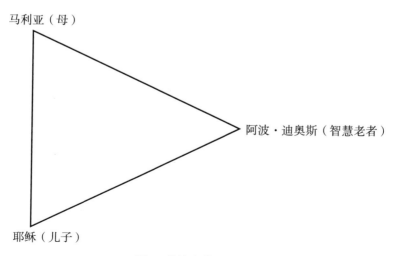

图6　菲律宾的三位一体

如图6所示，它与天照大御神-天忍穗耳命-高御产巢日神的组合呈现出完全相同的构造，即在强调母子关系的同时，将作为第三要素的男性智慧老者加入其中。由此也可看出，日本神话中母亲-儿子-智慧老者（男）的三元结构，是母权意识占优势的文化在一定程度上采用与之形成补偿关系的父权意识时，人们普遍使用的手段。

这种三元结构进入实际的日常生活时，使得血缘关系变得十分重要，从而形成祖父-母亲-儿子的组合。《日本书纪》中恰有这一情况的描述，其中可明确看到高御产巢日神所起的作用。下面，再次引用《日本书纪》第二卷神代下的开头部分。

> 天照大神之子正哉吾胜胜速日天忍穗耳命尊，娶高皇产灵尊之女栲幡千千姬，生天津彦彦火琼琼杵尊。故，皇祖高皇产灵尊，特钟怜爱，以崇养焉。遂欲立皇孙天津彦彦火琼琼杵尊，以为苇原中国之主。

与《古事记》不同，它不仅一开始就直接说要派天照大御神的孙子琼琼杵降临人间，而且从其叙述方式来看，它更加强调琼琼杵是高御产巢日神的孙子。由图7可以清楚地看到，若把天照大御神的谱系看作王权的谱系，琼琼杵的确是其继承者，但是真正掌握实权的，却是他的外祖父高御产巢日神。也就是说，前述依照《古事记》的记述所探讨的"让国"一节，虽然在具体事件上，《日本书纪》和《古事记》是一样的，但是《日本书纪》中，彼时在高天原发布命令的是高御产巢日神，而天照大御神的名字一次也未出现。琼琼杵以其天照大御神孙子的身份，仅仅获得正统性的保证。对以他为首的众神发号施令、全权在握的乃是他的外祖父高御产巢日神。

神话与日本人的心灵

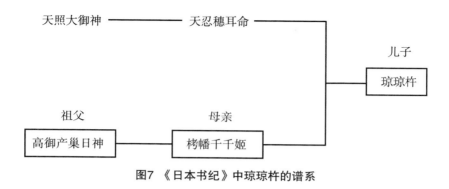

图7　《日本书纪》中琼琼杵的谱系

　　看到这个结构，可能很多人会想到平安时代天皇的外祖父掌控实权的史实。平安时代，天皇固然很重要，但是天皇的母亲作为"国母"，可以说受到比天皇更高的尊敬。而作为国母的父亲，天皇的外祖父是拥有最高权力的人。这正是上面所揭示的根基深厚的神话性三元结构思想在现实生活中的体现。这个系统的特征是：王权虽然一脉相承，但是王并不掌权，真正的掌权者另有其人。而掌权者是被排除在王权之外的，从这个意义上说，他也很难成为绝对的掌权者。

　　这是为了既保持后文要阐明的"中空构造"，又要保持表面看来坚强有力的王权谱系的一贯性而设计的系统。在此意义上，出现于神话时代的高御产巢日神的地位，的确值得深思。

四　猿田毗古与天宇受卖

　　据《古事记》的记述，天照大御神本想让自己的儿子天忍穗耳命降临苇原中国，结果在天忍穗耳命准备期间，有一子诞生，于是他请求将此子降下，最终天照大御神决定派孙子琼琼杵降临人间，不料发生了意想不到的事：降临途中有一个奇怪的神站在那里。《古事记》的描述如下。

> 　　值此日子番能迩迩艺命下降之际，于天之岔路，有神站立，其光上至高天原，下至苇原中国。故天照大御神命高木神诏令天宇受卖神曰："汝虽为柔弱女子，然面对众神绝不退缩。故特遣你前去询问：'站在吾之御子天降之路上的，却是何人？'"乃领命问询，那神答曰："仆乃国神，名猿田毗古神是也。所以站立此处，乃因听闻天神御子将降下凡间，特前来引路，在此迎接。"

下界途中，在天之岔路上，惊见一神站立，此神光芒万丈，上照至高天原，下照至苇原中国。《日本书纪》一如既往，对此类故事毫无兴致，但在第九段"一书曰"（1）中，对这位神的奇异之状有更加细致的描写：

> 　　其鼻长七尺，背长七尺余，当言七寻。且口尻明耀，眼如八尺镜而赩然似赤酸浆也。

总之，既是鼻长身高，且双目恍如八尺镜，则此人绝非等闲之辈。"一书曰"中接下来写道："即遣从神往问。时有八十万神，皆不得目胜相问。"此神眼力无边，无人能敌。

《古事记》中说，因为天宇受卖神"面对众神绝不退缩"，即不管她面对何人，绝不胆怯，所以被派去诘问。问话一出，对方即干脆利索地道明自己是国神"猿田毗古神"，为引领天孙前来。事情进行得十分顺利。

　　　　　　　神话与日本人的心灵

"一书曰"（1）的记述相对更加详细，引用如下。

> 天钿女，乃露其胸乳，抑裳带于脐下，而笑嚎向立。是时，衢神问曰："天钿女，汝为何故耶。"对曰："天照大神之子所幸道路，有如此居之者谁也，敢问之。"衢神对曰："闻天照大神之子今当降行，故奉迎相待。吾命是猿田彦大神。"时天钿女复问曰："汝将先我行乎，抑我先汝行乎。"对曰："吾先启行。"天钿女复问曰："汝何处到耶。皇孙何处到耶。"对曰："天神之子，则当到筑紫日向高千穗穗触之峰。吾则应到伊势之狭长田五十铃川上。"因曰："发显我者汝也。故汝可以送我而致之矣。"天钿女，还诣报状。

此处天宇受卖神"露其胸乳，抑裳带于脐下"的举止，与当年她在天之石洞门前的表现如出一辙。彼时引得众神发笑，令石洞门"打开"。此时则使得猿田毗古神的嘴巴"打开"。

从猿田毗古神与天宇受卖神的关联以及他光芒万丈——上至高天原，下至苇原中国——的形象来看，我认为他是天照大御神之外的另一个太阳神——男性太阳神。在日本神话中，猿田毗古神是一个谜团。镰田东二曾经就此举办了一系列的研讨会[1]，我也有过参与。研究者们从不同的角度予以解读，令人备受启发。我个人的意见，若说起细节，当如数家珍；若究其主干，则认为猿田毗古神是男性太阳神。

这一观点，最初起源于对水蛭子的关注。关于水蛭子，本书将

---

[1] 这些研讨会的记录已公开出版。关于镰田东二对猿田毗古神的研究，可参考《天宇受卖神与猿田毗古神的神话学》，大和书房，2000年。

在最后一章予以阐述。简单说来，水蛭子是与别称"日灵"的女性太阳神天照大御神相对的男性太阳神①。序章中论及天照大御神时曾经提出，把太阳神设定为女神对日本意义重大，这意味着对男性太阳神的排斥，因此，水蛭子被弃入水中漂走。我非常感兴趣的是，水蛭子有无复生的可能？

虽然不能说猿田毗古神就是被弃的水蛭子的再生，但是如上所述，他已经具备可以被看作与天照大御神相对的男性太阳神的诸多要素。譬如，他的眼睛被形容为八尺镜。关于其中的镜子，按照第九段"一书曰"（1）的记述，天照大御神送给天孙琼琼杵的三件宝贝就是"八坂琼曲玉及八尺镜、草薙剑"。此外，《古事记》及《日本书纪》另外一处的"一书曰"中，行文虽未直接出现"八尺镜"这一名称，但也提到天照大御神把"镜"送给琼琼杵，命他拜祭镜子如同拜祭自己，由此可见，镜子即可视为天照大御神。现在它被用来形容猿田毗古神的眼睛，则揭示出他太阳神般的特性。

天宇受卖神能够对抗这样的神，说明她来头也不小。在关于天之石洞一节的讨论中，我曾经提出她是天照大御神的阴影的看法。正因为有这样的背景，当天宇受卖神询问"你是何人"时，猿田毗古神才会老老实实地报上姓名，并称愿为天神提供导引服务。

天孙降临之后，天照大御神对天宇受卖神说："此御前向导之猿田毗古大神，便由介绍他来的你送回去吧。另，此神之名号，亦由你受承。"这里需要注意的，一是猿田毗古神被称为"大神"；二是天宇受卖神被称作"介绍他来的你"。日本神话中神灵众多，但被称作"大神"的却是屈指可数，从此亦能看出猿田毗古神的重要性非同寻常。而猿田毗古神是由天宇受卖神"介绍来"的，这说

---

① 日语中水蛭子读作"ひるこ"，日灵读作"ひるめ"。——译注

　　　　　　　　　神话与日本人的心灵

明，如果不把他们作为一对神来探讨，仅分别予以研究的话，无法探得其形象的真正含义。

事实上，此二神会不会已经结为夫妻了呢？如果是，那么在下一章所提到的琼琼杵与木花之佐久夜比卖这一对天神与国神的结合之前，此二神已然实现了这样的联姻。高天原与苇原中国本是对立的世界，通过天神与国神的联姻，两者的系统得以迅速融合。开启先河者，即是猿田毗古神与天宇受卖神。猿田毗古神在诸多意义上"导引"天神，起到将两个世界相联结的作用。

如此重要的两位神，其在《古事记》的结局却令人觉得太过平常。猿田毗古神在捕鱼时被贝夹住手，沉到海底溺水而亡。之后，天宇受卖神召集大小鱼类，询问："你等可否愿意为天神御子服务？"众鱼均应道："愿意。"唯有海参不说话，天宇受卖神说："你这个嘴是不会回答的嘴吗？"于是用怀剑将它的嘴割开。

猿田毗古神的结局，似乎与其被称为"大神"的身份极不相称，但是我认为，这段故事描述的应该是太阳猿田毗古神落入海中的情景。天与地需要联结，与海的联结也十分必要。正因如此，才产生了即将于下一章探讨的海幸与山幸的故事。而猿田毗古神的故事，则是此种神话的先驱。太阳沉入大海，因此海里的生物也必须服务于"天神"。之后的事情由天宇受卖神接手，强调了她"打开"各种事物的功能。猿田毗古神与天宇受卖神作为一对搭档，承担着打开封闭世界或者联结两个不同世界的重要作用。

猿田毗古神与天宇受卖神扮演的角色如此重要，他们的地位却不高，令人感觉与其发挥的重大作用不相符。虽说如此，其实太阳神也具有不同的侧面，而其不同的侧面则通过不同的神体现出来。其中，因为天照大御神作为统治高天原的神承继了无比辉煌的一面，所以在神话的叙述中，其他重要的神要么地位低下，要么像水蛭子一样被抛弃。

　　实际工作仅凭天照大御神一己之力，是无论如何不能完成的。作为帮助天照大御神或者补充天照大御神缺憾的神，猿田毗古神、天宇受卖神的作用，可以说与她同等重要。只是作为"官方"的理论，应该是太阳女神闪耀于天庭，源于她的谱系而诞生了天皇，所以猿田毗古神与天宇受卖神不能出现在《日本书纪》的正文中。《古事记》虽然记述了他们的很多故事，也依然将天照大御神置于他们之上。

　　尽管如此，这两位神的存在，仍然使得日本神话变得极为多姿多彩。此外，从"心灵"的角度来考察时，如果只有天照大御神的光辉，而没有猿田毗古神与天宇受卖神作为后盾的话，这样的结构未免过于简单、脆弱。

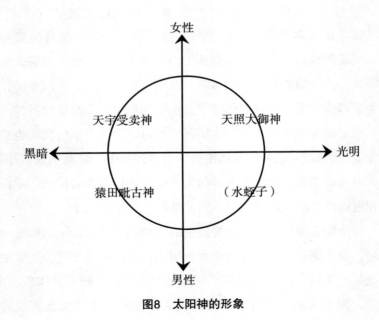

图8　太阳神的形象

　　　　　　　　　　　　　　神话与日本人的心灵

第十章
国土扩张

从高天原降临苇原中国的天孙琼琼杵，必须要治理这个国家。治理国家，不能只是管理自己降临时的立足之地，还必须拓展其疆域。此时需要注意的是，琼琼杵不是通过带兵征战，武力夺取领地，而是通过联姻的方式不断扩张领土。作为尽可能避免争斗的神代故事的延续，它是通过婚姻来扩张国土、建立王权的。至于以"东征"的方式来拓展疆域，那要期待人的时代的故事了。

《古事记》是如何描述从神代到人的时代的变迁的呢？首先，它以天神与国神联姻的故事来表现。开启先河者，是前述猿田毗古神与天宇受卖神的结合。而它作为天孙婚姻的故事，具有重大的意义。《古事记》的记述如下。

于是天津日高日子番能迩迩艺能命，于笠沙之御前，遇一艳丽美人，问曰："谁家女子？"美人答曰："我乃大山津见神之女，名神阿多都比卖，又名木花佐久夜比卖。"又问："可有姐妹？"答曰："有一姊，名石长比卖。"于是问道："我欲与你成婚，意下如何？"答曰："此事我难以回答，当禀于我父大山津见神。"故遣使者求亲于美人之父大山津见神。其父大喜，附送长姊石长比卖，并百台礼物，奉献御前。因其姊貌甚丑，见惧，遂送还。仅留其妹木花佐久夜比卖，一夜婚成。大山津见神因石长比卖被送还，深以为耻，乃曰："我并送二女之由，乃因我立下誓言：若纳石长比卖，则天神御子之生命，虽经风雪，亦恒若磐石，不变不动；若纳木花佐久夜比卖，则如樱花盛开，世代繁昌。如今退还石长比卖，只留木花佐久夜比卖一人，则天神御子之寿命，当如樱花短暂无常。"故，自此至今，天皇之寿命不得长久。

琼琼杵对国神之女木花佐久夜比卖一见倾心，向她求婚。木花佐久夜比卖说这事自己无法作答，要由父亲大山津见神决定。父亲对琼琼杵的求婚大喜过望，又附送上大女儿石长比卖。然而，因为石长比卖相貌丑陋，琼琼杵"见惧"之，送回娘家。父亲大山津见神说：琼琼杵若和石长比卖结婚，则可如岩石般长生不老；若与木花佐久夜比卖结婚，则可如樱花盛开般繁荣昌盛。同时接受二者才是完美。只因石长比卖被退回，那么天神的子孙将会像鲜花一样生命短暂。故此，至今天皇不得长生。

这段故事中，木花佐久夜比卖与石长比卖的对比令人印象深刻。琼琼杵未能理解大山津见神的用意，拒绝了丑陋的石长比卖，因此失去了永恒的生命，令人备感遗憾。但是实际上，如果人们真的得到"永恒的生命"，那将是更加可怕的事情。

此当别论，且看天神向国神即木花佐久夜比卖求婚之事。《日本书纪》正文中记述了木花与琼琼杵结婚一事，却一如既往地没有提及任何有关石长比卖的插曲。但是第九段"一书曰"（2）中记述道：琼琼杵建好宫殿后，来到海边，遇见一位美女，问："你是谁家的女儿？"此后有关石长比卖的故事与《古事记》是一样的。这段记述中出现了"海边"，说明它不仅把大山津见神的"山"提示出来，并且把"海"也纳入视野，意在表现国土的扩张。琼琼杵与木花的结合，含义深远。

如果把这种国土扩张看作人们心灵的"意识的扩大"，是很有意思的。开拓、占领自己未知的领域与意识领域的扩大可以相提并论。因此，弗洛伊德才会把自我得到强化、无意识领域被意识化的状态用战争来作比喻。战争本身不受欢迎，但是作为比喻却浅显易懂。此外，虽然可能不好理解，"结婚"的意象也是意识的扩大的一种比喻。荣格常说"相反的结合"（conunctio opositorium），的确，对于人类来说，异性是难以理解的，而且在很多方面是"相反"的。通过与异性相"结合"，新的生命得以诞生。因此，"结婚"具有很强的象征性。

那么，故事中的琼琼杵是如何选择的呢？他被外在的美丑所左右，做出了错误的判断。表面华美的东西容易逝去，反倒是看来近似丑陋的质朴能够恒久不变。或许有人可以从中得出这样的"道德"教训。但是我认为，它的重点并不是宣讲善恶，而是要说明一个事实：人就是这样形成的。

通过植物与岩石的对比来反映人的寿命短暂的神话，也存在于波利尼西亚等南太平洋一带，类似的故事很多。这些故事讲的都是普通人类的寿命，《日本书纪》"一书曰"也是如此。但《古事记》却是把它作为天皇的事情来讲述的，大概是说从此以后，神的后裔天皇也与普通人一样寿命有限；或者也可认为，它讲的是作为之后的人类代表的天皇的寿命。

文中的美与丑，不仅仅是所谓美女与丑女的区别，应该予以更加深刻的思考。这一点，从琼琼杵见到石长比卖时的表现——"见惧"一词可以得到印证。此当后论。人类无论怎样扩展"世界"，总会存在"极限"，生命的有限是其最直接的表现。

之后，木花佐久夜比卖怀孕临产，去找琼琼杵。琼琼杵说，共宿一夜即怀孕有些奇怪，或许孩子不是自己的。那么，木花是怎么回答的呢？下面是《古事记》的记述。

> 于是答曰："吾所怀之子，若是国神之子，当生产不利；若是天神御子，当顺吉。"即建无户之八寻殿，入殿内，用黏土涂抹封闭。方生产时，放火烧殿，生下儿子。火势正猛时所生的儿子，名火照命。此为隼人阿多君之祖。次生子，名火须势理命。再生子，名火远理命，亦名天津日高日子穗穗手见命。三柱

此处所描绘的木花佐久夜比卖生产的情景可谓骇人，简直就是在烈火的包围中生下孩子。为何要呈现得如此激烈呢？想来天神从高天原降临，来治理这个国家，混杂着国神血统的人要成为他的继承者，相应的仪式还是必要的，绝不能随便将就。

火与水被用于各种入会仪式，它们具有将事物神圣化的力量。此节故事中，木花借用火的力量，来证明自己所生的孩子的确是天神之子。火是这么特别的东西，如前所述，当初它是以女神伊邪那美的牺牲为代价被带到人间的。可以说，正是这火，造成了伊邪那岐与伊邪那美的"分离"，产生了生与死的区分。"火"的重要性，还体现在伊邪那岐探访黄泉之国时的"一支火"，它使得光明与黑暗、生与死的区分更加明确。

这一次，火是明确区分天神与国神的手段。然而有意思的是，从结果来看，它反而证明了天神与国神的结合。实际上，这种倾向

后来一直延续，天神之血不断与国神相融合。"火"的出现，原本与区分事物的"意识"的作用相关，此处却产生了新的意象，即被区分开的事物相结合。这正是本段故事的核心所在。

　　琼琼杵与木花佐久夜比卖的儿子，于火势正猛时诞生的是火照命；其次是火须势理命；再次是火远理命，也称天津日高日子穗穗手见命。关于这几个儿子的名字，《日本书纪》正文及其"一书曰"中各有不同，还有说是四个儿子的，略去不谈。下面探讨一下第一个儿子与第三个儿子之间发生的诸多故事。

一　海幸与山幸

　　火照命与火远理命的故事，作为所谓海幸与山幸的故事，在日本广为流传，即使是不太了解日本神话的人，也耳熟能详。此外，大林太良指出，印度尼西亚至西密克罗尼西亚一带，存在许多与此类似的故事[①]。对此暂不作讨论，仅依《古事记》简述故事的来龙去脉。

　　火照命作为海幸彦获得许多海味，火远理命作为山幸彦取得众多山珍。火远理命三次向哥哥火照命要求交换二人所使用的工具，哥哥虽不情愿，最终还是答应了。火远理命拿着哥哥借给他的鱼钩去钓鱼，不但没有钓到鱼，反而弄丢了鱼钩。火照命要他归还鱼钩，他除了道歉别无他法。可是哥哥不肯原谅他，于是他说要把十握之剑熔化，做五百个鱼钩还给哥哥，哥哥仍然不肯答应。

　　火远理命无奈之下，站在海边悲伤哭泣。这时，出现了一位名叫盐椎神的老人。问明缘由后，老人给他造了一只竹笼小船，让他

---

① 　大林太良，《神话的谱系——探寻日本神话的源流》，青土社，1986年。

沿着潮路，一直驶向绵津见神的宫殿（海底宫殿）。并告诉他，宫殿门旁的泉边有一棵莲香树，爬上那棵树，绵津见神的女儿就会发现他，为他想办法。火远理命依照老人所言，前往绵津见神的宫殿。

火远理命探访海底的故事就此展开。非常明显，它与大国主神探访地下之国形成呼应。日本神话的特点，就是在相同类型的故事多次反复出现的同时，一点点地发生变化，不断增添新的含义，抑或不知不觉间产生结构的变化，这是很有趣的。在大国主神造访地下世界的故事之前，还有伊邪那岐探访黄泉之国的故事。这里又出现了火远理命访问海底之国的故事，但其中的男女关系以及其他人物之间的关系均有变化。

主人公弟弟由于兄长的迫害而造访他界，这一形式在大国主神和火远理命的故事中是相同的。不同的是，帮助前者的是母亲，而帮助后者的是老人盐椎神。多数情况下，当弱者以被欺凌为契机，走向实现自立的旅程时，通过经历如同"异界"一般，一步不慎便性命堪忧的情境之后，才能获得自立。当今世界，亦是如此。尽管母亲可以保护我们免受欺凌，但是最终，离开母亲的旅程是必需的；又或意外得到别人的帮助，等等，也同样常见于今。当然，至于在此过程中获得异性的垂青，却不是一件容易的事情。

出现在火远理命面前的老人盐椎神，是一个值得研究的人物。大林太良和吉田敦彦曾经指出，这样的"海老人"经常出现在希腊神话中[①]。

吉田敦彦说："希腊神话中的普罗蒂厄斯、涅柔斯、格劳克斯、普洛透斯等神是不同的神，各有自己的名字，而哈里奥斯·盖伦将他们统称为'海老人'，所以原本就存在'海老人'这一神

---

① 大林太郎、吉田敦彦，《如何理解世界神话》，青土社，1998年。

神话与日本人的心灵

格。""这些'海老人'均智慧非凡，并可随意变化形态——大概源于他们来自变化多端的海洋之故。但是，如果有人能够抓紧他们，无论他们变成什么都不撒手的话，最终便能问出一切秘密。"这样的"海老人"，也可以看作一个心理疗法专家的理想形象。姑且不表，再回到日本神话。

《日本书纪》第十段"一书曰"（3）中是这样记述火远理命去海边的情节的："弟往海滨，低回愁吟。时有川雁，婴羂困厄。即起怜心，解而放去。须臾有盐土老翁来。"

对此，吉田敦彦指出大雁应是盐土神[1]的变化。当然，原文中仅仅提到解放大雁后不久即有盐土老翁出现，但是从中不仅完全可以读取变身的信息，尚可看到它与民间传说《鹤妻》(《夕鹤》)的故事具有相同的元素。

火远理命依照盐椎神所示去往绵津见，关于其后的故事，来看一下《古事记》的描述。火远理命爬到树上，这时，海神之女丰玉比卖的侍女来泉边汲水，看到泉水中火远理命的倒影吃了一惊。火远理命向侍女要水，侍女将水倒入玉器呈送给他。他取下自己颈上所戴之玉，含在口中吐进玉器内。结果，那玉粘在上面拿不下来。侍女只好就这样把水呈给丰玉比卖，于是丰玉比卖问她是否门外有人。侍女据实回答，丰玉比卖出来与火远理命相见，并将此事报于父亲绵津见神。绵津见神见到火远理命，说："此人乃天津日高神之御子，名虚空津日高者。"遂迎入宫殿加以款待，并同意他与女儿丰玉比卖成婚。火远理命在这里度过了三年时光。

大国主神访问黄泉之国的时候，也是青年男女一见钟情，但其时却遭到女方父亲的种种刁难。火远理命则不同，女方父亲无条件

---

① 即盐椎神，"盐椎"与"盐土"在日语中读音相同。——译注

地接受了这个年轻人。火远理命的磨难，将以另外的形式出现在未来的路上，此时尚未显现。他满心欢喜地在海底宫殿生活着。

见到丰玉比卖之前，火远理命的身姿不是直接出现在人前，而是水中出现的他在树上的倒影，这个情节的设计很有意思。究其原因，大概一是因为直接的接触可能会碰到危险的东西，或者引发额外的不安之感；二是水面的倒影看上去更加美丽，也更令人惊讶。《日本书纪》的"一书曰"中也有记述说，丰玉比卖亲自前来汲水，看到了火远理命在水中的倒影。这种戏剧化的场景很容易理解。不过像《古事记》中所描述的，火远理命把颈上之玉放入盛水的玉器，从而使丰玉比卖意识到门外有人的计谋也十分有趣。男女相会，自古以来都需要想方设法。

大国主神虽在婚前备受折磨，但是结婚后，他把须势理比卖带回了自己的领地。而火远理命顺利结婚，似乎没有碰到任何问题，却留在了绵津见神的宫殿，即女方的领地。开始的一段时间非常快乐，三年后，他不禁发出一声叹息。这样的事情，在如今的婚姻中也是常见。总之，人一定会有不顺心的时候，虽然何时何地以何种形式出现会因人而异。

火远理命在海底宫殿生活了三年后，不禁"长叹一声"，妻子丰玉比卖把此事告诉父亲。父亲问女婿为何如此，火远理命将事情的来龙去脉如实奉禀。于是，海神即刻召集海鱼们前来商议，取出卡在"赤海鲫鱼"①喉咙中的钓钩，交给火远理命。并且告诉他，把钓钩还给兄长时，要把手放在背后给他，边给边说"这个钩子是烦恼钩、着急钩、贫穷钩、愚钝钩"。又送给火远理命可以自由控制海水的潮盈珠和潮干珠，让他以此折磨、惩罚兄长火照命。火远理

---

① 即鲷鱼，也叫加吉鱼、大头鱼。——译注

命的岳父自始至终都对他很好。这里非常有趣的是，支配海水的珠子，不是给了海幸彦，而是被山幸彦所拥有。这正体现了日本神话的特征，即不偏向某一方，而总是保持一种平衡。

火远理命遵海神之命，乘坐一条"一寻之鲛①"回乡。他依照海神所言，令哥哥火照命受尽苦难。火照命终于屈服，说："从今以后，我愿做你的仆人，日夜守护着你。"这里也避免了真正的争斗。如此，从天上降临到地上的高天原系统的神，接着强化了与海的联结，拓展了领域，逐渐确立王权。火远理命最初受到哥哥的欺凌，后来不费吹灰之力，借助海神的力量使诸事顺利进行，却不曾料到，还有一个陷阱在等着他。

二 "见惧"之男

此后的故事，在《古事记》中也是极其重要的。相关的原文部分，在第三章中论述"禁看"时已有引用，敬请参照彼处。

火远理命回国后，妻子丰玉比卖怀孕，前来寻夫。她说："天神御子，不可生于海原，是故来此。"这让人想起当初木花之佐久夜比卖来找琼琼杵的故事。不过这一次，火远理命对丰玉比卖没有任何怀疑。他立刻着手用鹈鹕的羽毛建造产房，可是丰玉比卖已经临盆，等不及了。产房房顶尚未盖好，她就进到里面，并对丈夫说，生孩子时她会恢复自己在大海时的原貌来生产，告诫他"不要看我"。这样的禁令，似乎都是用来诱惑别人去打破它的，所以火远理命也不免俗地偷看了。结果看到妻子变成八寻长的鳄鱼，"见惊惧"而逃。丰玉比卖因被看到原形，"深以为耻"，产子后，留下

---

① 鲛，日语中意为鳄鱼。——译注

孩子，回到海之国，并且封堵了陆海之间的边界。即是说，此处明确了陆地与海洋之间的界限。当初伊邪那岐打破伊邪那美设立的禁忌后，逃回此岸世界，从而明确了此岸世界与彼岸世界的界限。这两件事是遥相呼应的。

关于"禁看"，在第三章已有论述，此处从略，仅从不同的角度，在与"禁看"相关的维度上，探讨一下火远理命与丰玉比卖的故事，即关于"见惧"的态度。火远理命看到变成鳄鱼的妻子时，"见惊惧，逃遁而去"。此处多了一个"惊"字，而在《古事记》中，曾两次出现"见惧"一词。第一次出现在伊邪那岐打破伊邪那美的禁忌，看到妻子骇人的尸体之时；第二次出现在琼琼杵见到石长比卖之时。笔者把这些"见惧"男性的体验综合为表5。

由此表可以看出，"见惧"的体验是逐渐以适当的方式展开的，"惧"是一种超越了单纯的恐惧的体验。日本神话中的神与人有着很强的连续性，从这一点来考虑，可以说，这些"惧"的体验虽然是神的体验，却也表述了人类宗教体验最朴素的、根源性的东西。

表5 "见惧"之男

男性	女性	结果
伊邪那岐	伊邪那美 （腐烂的尸体）	生之世界与死之世界的分离 伊邪那岐、伊邪那美的离别 男性神产子
琼琼杵	石长比卖 （丑女）	有限的生命与无限的生命的分离 会死去的人类 与木花之佐久夜比卖结婚、生子
火远理命	丰玉比卖 （鳄鱼）	与丰玉比卖结婚，产后的别离 海洋与陆地的分离 玉依比卖代养孩子

　　　　　　　　神话与日本人的心灵

所有作为一而未分化的事物，通过分离为二得以区分。人类认识到，自己只属于其中的一个世界，不能轻易进入另一个世界。这种情况下，人们承认自己看不见摸不着的世界的确存在，同时对它抱有"惧"的态度。也就是说，超越自身的存在就是"神"。如此想来，这些次第发生的"见惧"物语，很好地揭示了人类认识世界的过程，以及他们的感受正是一种宗教体验的实质。

第一个伊邪那岐的故事中，"生与死"的分离是件大事。而且生者对于死亡必须抱持"惧"的态度。由于这一经历过于刺激，其后伊邪那岐与伊邪那美彻底分离，从而不得不采用非同寻常的"男性神生产"的方式来繁衍子孙。第二个琼琼杵的故事中，如果女性神也像伊邪那美那样与男性神彻底分开的话，故事将难以继续。于是它想了一个办法，即把女性神分身为两个，一个留在人间，另一个属于异界。这就是木花之佐久夜比卖与石长比卖的分身。此处的体验，从之前被视为一个整体的混沌中，分离出有限的生命与无限的生命。也就是说，以木花与岩石为象征，把终将死亡的东西与没有生命的东西区别开来。人类认识到自己是"终将死亡者"，同时必须对没有生命的存在抱持"惧"的态度。由此可以明白，石长比卖的问题不在于所谓容貌的美丑，而在于她是人类不可触及的存在。这个故事中，女性被分成两个，琼琼杵与其中之一的木花结婚，诞生子孙后代。

火远理命是怎样的呢？他的体验，虽造成了陆地与海洋的分离，但并未导致像前面两者那般严重的后果。大概是因为这种区分不像前两者那样，是绝对的、不可逾越的界限，所以火远理命与丰玉比卖的结合非常顺利。只是因为破坏了女方要求生产时不能偷看自己的禁忌，火远理命才和丰玉比卖分离，产生了海洋与陆地的界限。但是后来，丰玉比卖的妹妹玉依比卖前来抚养孩子们，反映出海洋与陆地的分界，远远不如生与死的界限那么绝对。

这些"分离"都伴随着痛苦。从人类的精神发展史来看，"意识"的扩大及其区分功能必定有"痛苦"相伴，这在现代亦毫无二致。同时，随之也必定会产生"羞耻""怨恨""愤怒"等情绪。当男性表现出"见惧"的态度时，作为女性方面的第一反应，三者共通的是"羞耻"感。这些故事充分说明，对于日本人来说，"羞耻"是一个非常重要的概念。

与此形成鲜明对照的，是《圣经》中亚当和夏娃的故事。他们偷吃禁果后，神对他们的第一判断是宣布他们有"罪"。诚然，他们对自己的裸体是有"羞耻"感的。这种差异来源于神与人是否有明确的区分。当神与人被明确区分时，人会对神产生绝对的"罪过"感；在神与人的区分比较模糊的状态下，比起这种纵向关系，重心会被放在表现横向关系的"羞耻"感上。

与羞耻感相伴而生的怨恨与愤怒的力量也不容忽视。正如我们在第三章已经讨论过的，丰玉比卖的怨恨与愤怒均十分强烈，但最终总算获得"圆满的解决"。另外，后来进入人的时代之后，为了达到平复这些激烈情绪的目的，产生了"祭祀""祈祷"等形式，它们位于上述"见惧"的延长线上。正如梅原猛很早以前就已经指出的，进入人的时代以后所建立的数量众多的神社和寺院，大多也是基于同样的意图。

下面谈一点作为现代心理疗法学者画蛇添足的话。打破女性所提出的禁忌的男性，在当代亦不乏其人。虽然女性的怨恨或愤怒很激烈，如果男性能够认真地采取"畏惧"的态度，问题便有望获得解决。而意识不到女性是太阳或者岩石的男性，则无法抛舍自身莫名的优越感，不能表现出"畏惧"。此时，女性的愤怒就会超越个人的层面，发展到人类无法控制的神的层面。如果到达笔者命名为

神话与日本人的心灵

"伊邪那美以来的愤怒"的状态，想要平复它将极为困难。打破个人的层面后，无意识的机能变得活跃，甚至男女都会产生妄想、幻觉等体验，很多还会发展到出现伤害事件。因为感情是会相互诱发的，男女双方就像被拖进了"异界"。无论男性还是女性，置身于此等状况，都有可能把对方看作腐烂的行尸走肉，或者是石头、鳄鱼之类的吧？就人类最根本的东西来说，自神代以来，几乎没有变化。

三 第三个三元结构

关于琼琼杵与木花之佐久夜比卖所生的三位神火照命、火须势理命、火远理命，神话中用了很多篇幅记述火照命和火远理命的关系，而对居于中心的火须势理命却只字未提。火照命与火远理命争斗的结果，火照命成为火远理命的仆从，而火远理命成为琼琼杵的继承者。但是关于火须势理命，却不见只言片语。

《古事记》的读者，从开头读到此处就会明白，这里出现了第三个三元结构，与之前一样，中心者无为。无论是高御产巢日神、天之御中主神、神产巢日神的组合，还是天照大御神、月读命、速须佐之男命的组合，都是第一位神和第三位神表现活跃，两者之间或对抗或妥协，而中间的神却是彻底无为的。

在第三个三元结构之后，便进入人的时代，所以神代中独具特色的三元结构到此完结。仔细考察会发现，这三个三元结构之间存在完美的对应。详见表6。

表6 《古事记》中的三元结构

第一组三位神 （天地初创）	高御产巢日神	天之御中主神	神产巢日神	作为独神而产生
第二组三位神 （天国与黄泉之国的接触）	天照大御神 （天）	月读命	速须佐之男命 （地）	由父亲在水中诞生
第三组三位神 （天神与国神的接触）	火照命	火须势理命	火远理命	由母亲在火中诞生

资料来源：河合隼雄，《中空构造日本的深层》，中央公论社，1982年。

由表6可以看到，在整个《古事记》的神话中，这三组三元结构出现的时机与其展现方式，以及三元结构中各个神的对应关系，均构成完美的呼应。一方面各具特色，另一方面又有共同之处：中间的神只有名字，没有对其行为的任何描述。对于这种整体上的构造，笔者称之为"中空构造"，并认为它是日本神话最重要的特性。

下面，我们按顺序来分析一下三元结构的特征。第一组三元结构是在天地初创时作为"独神"出现的，性别不详。但从后来的故事看，高御产巢日神明显具有父性原理的特点，神产巢日神则带有母性原理的特性。前者与高天原关系密切，后者则与出云系联系紧密。在高御产巢日神被称为"高木神"之后，如前所述，强烈地表现出父亲神的特性。天之御中主神存在于两者之间，正如字面所示，是"中心之神"，却找不到任何对其行为的记述。

第二组三元结构是在伊邪那岐探访冥界，即天界与黄泉之国相接触，并导致生的世界与死的世界明确分离之后，以父亲在水中生产的方式出现的。而且天照大御神是女性，速须佐之男命是男性。

与第一组三元结构不同，这里女性与男性相对，其对立关系非常明确。天照大御神掌管天界，速须佐之男命后来被流放到地上为王，也呈现出天与地的对立。天照大御神与速须佐之男命之间发生了很多故事，我们前面已经探讨过。彼时，居于中心的月读命毫无作为。这一点，与天之御中主神相呼应。

第三组三元结构是天神与国神接触时，通过两者结婚而诞生的。他们由母亲在火中诞生，与第二组三元结构中由父亲生于水中形成完美对应。如此，在各种不同的地方呈现出巧妙的对应关系，是日本神话的一个特点，这源于它总是有意保持整体上的均衡。火照命与火远理命作为海幸彦与山幸彦形成对立，两者之间的故事如前节所述。当时，火须势理命虽然位居中心，却完全无为，这一点与第一个和第二个三元结构相同。这三个三元结构，形成一个完整的"中空构造"。

之后，《古事记》进入"中卷"，进入神武天皇的时代，所以"神代"以第三个三元结构画上了句号。在人的时代，考虑到"天皇"的正统性至关重要，天照大御神——琼琼杵——火远理命（彦火火出见尊）——鸬鹚草葺不合尊——神倭伊波礼毗古命天皇（神武天皇）的这个体系，便为此提供了很好的证明。也就是说，这里所描述的乃是王权的血脉传承。从天皇的正统性的角度来说，它才是居于中心的东西。所以，在以此作为记述重点的《日本书纪》中，看不到明显的"中空构造"，它所强调的乃是王权的核心要素。

如上所述，"中空构造"作为一个基本架构明显存在于日本神话之中，在后文的探讨中我们会看到，它与日本人的心理状态密切相关。而从作为天皇正统性的证明这一作用来看——《日本书纪》的这一色彩更加浓厚——王权由天照大御神的后裔来建立也是必需的。所以，神话的表面形式与其内在根本，两者形成双重构造，它对于我们考察日本人的精神非常重要。

　　相对于第一个三元结构和第二个三元结构，第三个三元结构中的三个神均为男性，这一现象也是双重构造的反映。也就是说，如前所述，当我们着眼于心理性的层面，那么母权意识强烈这一点是不变的，但是家庭的实际情况却逐渐变为以父亲为主导，纵然天皇是以天照大御神为先祖的，主导者却仍要选择男性来做。所以，最后的这个三元结构作为神代与人代的媒介，表现为男性尊崇型。这种男性和女性作用的变化，也体现在下一章要探讨的沙本毗古与沙本比卖的故事中。

　　　　　　　　　　　　神话与日本人的心灵

第十一章
均衡与回摆

一　均衡的力本学

如前章所述，《古事记》神话的基本构造是"中空构造"，即它不是依靠居于中心的强大力量或原理来统一整体，而是即便中心为空，依然可以保持巧妙的整体平衡。这就意味着必须使构成整体的每一位神之间保持微妙的平衡，即使有神暂居中心之位，时间也不会长久，一定会通过适当的相互作用，让他离开中心，从而恢复整体的平衡。这种力本学发挥着非常巧妙的作用，所以不会存在某一个神代表绝对的善与正义，或者拥有绝对的权力的情况。

举例来说，虽然天照大御神的系统最终被尊为日本天皇一系，是天皇血统的源头，然而天照大御神既不是绝对的善或绝对的掌权者，也不是作为绝对正义的一方，以肃清敌对者为目的。这一点在前面已有论述，此处稍作重复。速须佐之男命到高天原拜访天照大御神时，天照大御神对其来访意图产生误解。她全身戎装，严阵以待。此时的她，或许感到自己正站立在世界的中心，但是很快，通过"盟誓"一事，她明白了自己的错误。另外，速须佐之男命被胜利冲昏了头脑，自以为是，结果也犯下错误。他的行为被描述为"乘胜"，确实如此，他作为胜者的骄傲并未持续多久。

天照大御神自身对黑暗的体验，已经超越了单纯将她看作光明的意义，而是意味着从此以后，在她的精神深处，会有阴影部分的存在。之后，速须佐之男命虽然受到责罚，却并没有被作为一个彻头彻尾的恶人赶尽杀绝，反而成为出云的文化英雄，甚至在那里建立了自己的王国。但是，这也不意味着速须佐之男命成为世界的中心。不久以后，他的后代大国主神，把自己的国土"让国"给高天原的后代。

主权不是通过"战争"，而是通过"让国"的方式，从出云系转移到高天原系。其中并不存在胜者与败者或善与恶的明显区别，这一点十分重要。如前所述，在"让国"的时候，高御产巢日神对大国主神说："夫汝所治显露之事，宜是吾孙治之。汝则可以治神事，"[《日本书纪》第九段"一书曰"（2）]可看作最大的妥协。需要注意的是，它与胜者将败者纳入自己治下的模式完全不同。

除了以上提到的比较大的平衡之外，每个重要的神各自都有与其自身形成互补或者平衡作用的神，两者之间同样呈现出一种巧妙的均衡状态与合作关系，换言之，即总是保持着恰当的相对化。

首先来看可以称为主神的天照大御神。在世界上的很多国家中，太阳神是男性神，而天照大御神却是太阳女神，其存在本身已然蕴含互相对立的要素。前面论述过的天宇受卖神、猿田毗古神与天照大御神的关系，使这一问题得以显化。

大国主神与少名毗古那的关系也是同样。连名字都形成对照的这一对神，协同合作，共同完成了建设国土的任务。一直协助大国主神的少名毗古那，在工作即将完成之际突然消失。一位来自高天原的神作为能力更强的合作伙伴，出现在孤家寡人的大国主神身边。此时，他需要的是更高程度上的平衡感，少名毗古那出现与退出的时机，被设计得恰到好处。

所谓均衡，并不是保持整体的静态平衡，而是到处充满力本学的活动，有时互相对立，甚至可能令人感到结局将会不可收拾，但是另一方面，小的均衡被涵盖在大的均衡中，整体的面貌发生改变。这就是日本神话中"均衡"的特点。因此，如果有时候均衡中的一方稍占强势，似乎要占据中心位置的时候，就会发生"回摆"的现象，使其回到原本的状态。"均衡"的特点，也可以表述为，通过"回摆"来恢复整体上的平衡。这一点，将在下一节中探讨。

二　三轮之大物主神

前一节中指出，日本神话内部的均衡包含力本学，一方面时而发生"回摆"的现象；另一方面保持整体上的均衡。这种倾向，在神代之后的人的时代，依然如此。其中所记述的事情，有各位神参与其中。因此，在研究神话的整体构造时，对《古事记》中记述的人代的一些现象，也应该有所关注。这里面，我认为探讨三轮（或者叫美和）被称作"大物主"的神对人代所产生的影响极其重要。

那么，"大物主"是什么样的神呢？仅据《古事记》来看，难言其详。但在《日本书纪》第八段"一书曰"（6）中有"大国主神，亦名大物主神"的记述，把"大物主神"置于其他名字之首。故事接下来的内容是：少名毗古那走了之后，大国主神想：治理国家要靠自己一个人了，是否有人可以和我共同治理天下呢？正发愁时，看到异象出现。这一段故事，我们在第八章引用过，请参照彼处。

由此，大国主神的"幸魂奇魂"被祭奉于"三诸山"，即"三轮山"。"幸魂奇魂"的名字叫作"大物主神"，那么，把"大物主神"看作"大国主神"的一个别名实属理所当然。

此外，位于奈良县三轮町的大神神社，所祭奉的是大物主神。据说此神社的起源，乃为祭奉先前所说的大汝神[①]的幸魂奇魂。

据《古事记》的记述，天孙降临之后，高天原系的神的后裔就是天皇。但是，如果对此过于强调，均衡就会遭到破坏，大物主的出现，就是发挥"回摆"的作用。换句话说，大物主神的名字不时出现，是为了提醒人们不要忘记出云系。

首先，在初代天皇神倭伊波礼毗古命[②]挑选皇后的时候，大久米命推荐了一位传说是"神之御子"的姑娘，名叫伊须气余理比卖。其时，在说明她为何被称为"神之御子"时，有如下一段趣闻。

三岛沟咋有一个女儿名叫势夜陀多良比卖，姿容美丽。美和的大物主神对她一见钟情，于是趁她如厕之际，化作涂满红土之箭，顺着沟渠漂至，直冲"美人之阴"。姑娘大惊，将箭放在床边，那箭刹那间变成俊美的男子。二人成婚，生了女儿富登多多良伊须须岐比卖，也叫比卖多多良伊须气余理比卖。是故，此女被称为"神之御子"。

伊须气余理比卖被神倭伊波礼毗古命迎娶为皇后，生下神沼河耳命，即第二代天皇绥靖天皇，天皇的系统由此建立。成为初代天皇之皇后的女性，乃是大物主神的女儿，可见出云系势力对此事的参与十分明显。

第十代天皇崇神天皇时期，也发生了与此极为相似的事情。换

---

① 大汝神是《日本书纪》中对大国主神的称呼，也叫大己贵神或者大穴牟迟神。汉字虽不同，读音皆相同。——译注
② 即神武天皇。——译注

言之，当天皇的势力变强时，就会以提醒人们不要忘记出云系的存在（由大物主神来代表）的方式，产生"回摆"现象，来恢复整体的平衡。下面是对《古事记》中崇神天皇记的引用。

> 此天皇御世，疫病多发，人民即将死尽。天皇愁叹，卧神床，求梦于神。是夜，大物主神显于梦中，曰："此乃我意。故，若使意富多多泥古前来祭我，则可神灾不起，国泰民安。"乃遣驿使往四方，寻名为意富多多泥古之人。其时，于河内美努村寻得其人。天皇问道："汝，谁之子？"答曰："大物主神娶陶津耳命之女活玉依毗卖而生之子，名为栉御方命，其子名为饭肩巢见命，其子名为建甕槌命，小人意富多多泥古乃其子。"天皇大喜，曰："天下太平，人民昌盛可也。"即命意富多多泥古为主祭，拜祭御诸山的意富美和大神[1]。

这段故事中，以"疫病"的形式让人意识到"神"的存在。天皇愁叹不已，"卧神床"等待神灵梦启。这个情节值得注意，它体现了梦的重要性，此点下节详论。总之，天皇通过梦启，知道是大物主神所为，请他的后裔意富多多泥古做主祭，祭祀意富美和大神。于是疫情消去，国家得以安定。

为什么说意富多多泥古是"神之子"呢？著名的"三轮山传说"对此做了最好的说明。见《古事记》如下记述。

> 此之谓意富多多泥古者，乃神之子之由也，上云活玉依毗卖，容姿端正，有壮夫，形姿威仪，时无人可比者，夜半之时

---

[1] 意富美和大神，即大物主神。——译注

疏忽到来。故，相成共婚。共住未久，美人有孕。父母怪讶，问女道："你自是有孕在身，然无夫何以怀孕？"答曰："有俊美男子，不知姓名，每夕至此，共度良宵，自然有孕。"父母欲知其何所人也，遂教女曰："撒红土于床前，以针穿麻线，扎于其衣裙上。"故依父母所言，翌日看时，只见针上所穿麻线自门之锁眼而过，所余之麻不过三轮。即知其由锁孔出，乃沿麻线寻去，止于美和山神社，故知其为神之子。因其麻线只余三轮之故，谓其地曰美和①。

　　这段故事，与前面讲述神倭伊波礼毗古命的皇后伊须气余理比卖被称为"神之子"来历的故事如出一辙，即男性神变身闯入美女居处，与之结合而致女子怀孕，产下"神之子"。此类故事最早的原型，可以追溯到速须佐之男命闯入天照大御神的领地的故事。所不同的是，那是发生在诸神之间的事情，而在这里，是人间的女性与男性神的结合。也就是说，这是"人代"的事情。

　　提及神变身造访人间女子的故事，大概都会想到希腊神话中的宙斯。许多西方名画即以这样的场景为题材，相信很多人看到过。譬如，在与达娜厄会面时，宙斯化作黄金雨，结果达娜厄生下英雄珀耳修斯。宙斯还有许多其他的变身故事，它们的共同特点是英雄由此诞生。即是说，英雄虽然是人，但他身上流着"神的血脉"。

　　日本的故事与宙斯的故事在基本架构上颇为相似，却也有不同之处。第一点，希腊神话中闯入女性居处的宙斯是"主神"，而日本神话中的大物主神不仅并非"主神"，而且是出云系的神。一般认为，在天皇的正统性确立后，出云系是与之对抗的。如果是这

---

① "美和"与"三轮"，在日语中发音相同。——译注

样，那么，当时的人们是否把出云系的神作为"神"来看待，并认为他们凌驾于人类之上呢？据说大神神社是日本最古老的神社，此时，高天原系变成"人"，而出云系却成了"神"，这不是很怪异吗？这个问题我们留待下一节中探讨，接着来看日本神话与希腊神话的另外一个不同之处。

第二个不同点就是，希腊神话中，宙斯与人间的女性所生的孩子均为男性"英雄"，日本神话则并非如此。大物主神化作涂满红土的箭与势夜陀多良比卖结合所生的孩子，是女性伊须气余理比卖，后来成为皇后。大物主神半夜造访活玉依毗卖所生的孩子虽然是男孩，却不是什么"英雄"，不过是大神神社的主祭。当然，这两个孩子都是"神之子"，明显不是普通人，然而他们都不是希腊神话中珀耳修斯、赫拉克勒斯那样的英雄。

有意思的是，在日本神话中发挥着英雄作用的，乃是与大物主神被视为同一人物的大国主神，以及他的先祖（也是他的岳父）速须佐之男命。正统的高天原系的先祖是女神天照大御神，具有强烈男性英雄气息的大物主神作为与之相抗衡的角色出现，实现"回摆"。但是这并不意味着大物主神成为中心，或者男性英雄神就此登场，而是逐渐恢复整体上的均衡。这是它的独特之处。

三　梦与神

上一节中讲过，崇神天皇在位时瘟疫四起，天皇"卧神床"，通过梦启知道了大物主神的意图。这说明，梦在古代很受重视。人们认为，通过梦境可以了解神的意志。

有关这种非常重要的梦的记述，尚见于《古事记》中的其他故事。下面通过这些故事，探究一下古代日本人对梦的认识。它与本章所讨论的"均衡与回摆"密切相关，因为梦中得到的神的智慧或帮助，有时会使人们修正目前的生活方式与态度。

第一个梦出现在"神武天皇记"中。关于神的神话故事的特点之一，就是从未出现过任何与梦相关的记述。这说明，人们认为只有人才会做梦。神倭伊波礼毗古命（神武天皇）东征途中，在熊野村遇到一只大熊，神倭伊波礼毗古命和部下即刻昏睡不醒。其时，一个名叫熊野之高仓下的人献上一把大刀，熊野的邪神被一举歼灭。关于这把大刀的来历，高仓下作了如下说明。

高仓下做梦，梦见天照大御神与高木神命令建御雷神去帮助在苇原中国苦战的子孙，建御雷神回答自己不必亲临，只要有这把大刀就足够了。便在高仓下的仓房顶上开个洞，将大刀扔进去。高仓下醒来，去仓房一看，果然有一把大刀，于是取来献上。这个故事的特点是，做梦的人是当地居民，梦中的事与现实情境是相关的。

第二个梦就是上面介绍过的崇神天皇的梦。第三个梦是下一节中要探讨的垂仁天皇的梦，在这个梦中，天皇知道了有关皇后和她哥哥的很重要的事情。第四个梦仍然是垂仁天皇的梦，这个故事中有关本牟智和气的部分，已经在第七章讨论过。此次出现在天皇梦中的，也是"出云大神"，这个梦极为重要，天皇据此知道应该尊崇出云的神。可以说，这个梦确确实实起到了"回摆"的作用。

由此可见，自古以来，梦对人们来说非常重要，这一点应该是放之四海而皆准的，却在欧洲的近代失去了它的价值。我国受其强烈影响，也认为"梦"是不可信的。另外，欧洲从19世纪末至20世纪，产生了以弗洛伊德、荣格等为代表的深层心理学，梦的价值重新受到重视。笔者属于荣格的流派，充分肯定梦的意义。简而言之，人们实现了意识的体系化，一定程度上具备以自我为中心的主体性、统合性，通过自我判断采取主动性的行动。同时，还会受

三次，已经找不到能够容纳它的器具了。

于是母亲对它说：你是神的孩子，我们养不了，"去找你的父亲吧。这不是你应该待的地方"。小蛇悲伤地流下眼泪，听从了母亲的命令，不过提出"让一个童子陪我一起去吧"。母亲说：家里只有我和你的舅父，没有人可以陪你一起去。小蛇心生怨恨，不再说话。临走之前，小蛇愤怒之下杀死舅父，即将升天而去时，被母亲用盆子击中，结果升天不成，留在了山顶。盛小蛇用的盆和瓮，现在仍然保留在片冈村，兄妹二人的子孙修建神社用来祭拜。

故事结尾的部分比较难以理解。总之，这个故事讲述了同样的主题：奴卡毗古和奴卡比卖是一对兄妹组合，破坏这一组合的关键，是奴卡比卖的丈夫的存在（其实用"攻击"比"存在"更合适）。伊邪那岐和伊邪那美作为第一对夫妻，既是兄妹，也是配偶，这样的结合十分紧密。实际上，在古代埃及，只有国王才能与妹妹结婚。他们采用这种方式，以保证"血统"的纯粹。

日本古代大概也是如此。只不过后来或许因为意识到遗传之类的问题，兄妹婚逐渐消失。虽然哥哥不再和妹妹结婚，但是在母系制度下，却形成了由女性家长的兄长来掌握男性权力的规则。可以推测，在制度的变动期，依然会有兄妹婚混杂其中。奴卡毗古和奴卡比卖的关系很清楚，只是兄妹，不是夫妻。而在《风土记》的其他故事中，名字相似的男女组合之间的关系大多并不十分明确，不知道是兄妹还是夫妻，抑或同时拥有这两种关系。

自母系转变为父系的过程中，父–子的体系受到重视，于是认为父亲是神，孩子是神的孩子，所以孩子应该回到父亲身边，去做父亲的继承人。如此一来，家庭中的父系制度逐渐确立。还有另外一种以男性（神）攻击为主题的故事，比如前面提到的大物主神、宙斯的故事，它们是与神的血脉继承者——英雄的诞生相关的神话。

上面《常陆国风土记》的故事中，小蛇生长迅速，大过装它的器具。以"器"字来表现蛇的存在超出了这家人的"器量"，非常符合故事的表达特点，耐人寻味。故事的最后，舅父被杀，蛇丧失神性，留在人间。其中所蕴含的母–子的关系引人注目，它处于母–女、父–子这种十分明确的母系与父系组合之间，极为重要。

下一节我们将从心理方面对此进行考察，先重新回到沙本毗古和沙本比卖的故事。天皇听完沙本比卖的话，立即发兵讨伐沙本毗古，沙本毗古建稻城（堆稻为城以应急）以待。沙本比卖在对丈夫与兄长的感情中纠结，最终选择了后者，进入稻城。其时，沙本比卖已经有孕在身。天皇知道此事，暂停进攻。后来，沙本比卖生产，她把孩子送出城外，对天皇说："若认此子为天皇之子，请抚养他。"

天皇不仅想带走孩子，也想带走皇后沙本比卖，于是命令一些大力士用武力去把她抢回来。可是沙本比卖猜到了天皇的心思，提前把自己的头发和衣服都弄得可以一拽就掉。大力士们只带回了孩子，没能带回沙本比卖。就这样，沙本比卖为兄长殉死。

故事所描绘的沙本比卖的情感纠葛，很好地表现了在从旧制度到新制度的转变过程中，身临其境的人们的苦恼与抉择。她最终选择了为旧制度殉葬，可她的孩子却被按照新制度留下来。更何况这个孩子是本牟智和气，他的作用何等重要，我们在第七章已经探讨过。

沙本比卖在火光冲天的稻城中死去的画面，不禁令人想起前面讲到的神话中在火里死去的女神或女性。首先是伊邪那美、木花之佐久夜比卖。伊邪那美以自身的死亡，换取了珍贵的火的诞生；木花之佐久夜比卖生了三位重要的神，他们构成第三个三元结构，并继承了天孙的系统。而沙本比卖，生下了地位非常重要的皇子本牟智和气。火与生产的结合，这样的架构在故事中被多次重复，同时每次都呈现出一些不同的变化。这正是日本神话以及后续人代初期的故事的特征。

五　打破组合者

在沙本毗古与沙本比卖的故事中，最重要的一点是，垂仁天皇这位男性的出现，打破了兄妹的密切组合。当然，从结果来看，是因为沙本比卖将沙本毗古图谋叛乱的事告诉丈夫垂仁天皇，破坏了兄妹组合，但她通过为兄长殉死的形式，又在一定程度上维系了兄妹关系。这说明，要打破这一组合是何等不易。

无论在哪一个民族、文化中，家庭都十分重要。但是，如何定义和解释它，又是非常困难的。使问题变得极为复杂的原因，一是其构成成员里同时存在男性与女性这两种性质完全不同的人；二是既存在具有命中注定意味的血缘关系，也存在像夫妻这样完全与血缘无关的关系。这两种异质关系，一方面可以说是家庭所背负的十字架；另一方面也可以说，由此产生的力本学是家庭充满活力的源泉。

家庭的另一个重要的力本学，来源于在家庭中长大之后的个体与他的家庭之间处于怎样的关系。自古以来，对于很多民族来说，大家族制的第一要义就是认为家庭属性乃个人属性的根本。在这方面，日本比较特殊。比起血缘，它更重视"家名"，被称为"某家"的集团的延续以及对此集团的归属是最重要的。而其他民族的大家族制度，基本都重视血缘关系，如此，自己死后家族依然可以绵延不绝，令人倍觉心安。

尽管如此，因为实际上人与人都是不同的个体，当有人想充分发展自己的个性时，就会与家庭的第一要义发生冲突。在近代以前，这种矛盾只有非常特立独行的人才能体会到，一般人都会满足于作为家族（或者"某家"）的一分子终其一生的定位。

在基督教文化圈中，与神的联结最为重要，所以非常重视神的意志。但是，在历史发展的长河中，人的能力逐渐增强，进而产生了主张个性生活的个人主义思潮。我国受其强烈影响，也开始颂扬个体的确立与对个性的尊重，家庭亦从大家族制变为核心家庭。因此可以说，当代日本人是生活在个人主义的生活方式与重视"家"的传统观念的夹缝之中，苦不堪言。

当强调作为个体而生存，就必须改变在以血缘为基础的家族中的生存状态。即是说，某个家族中出生的女性，初期是在与家族成员的联系中长大，之后则必须断绝与抚养自己成人的母亲、父亲、兄长之间的密切联系。当然，如此"自立"之后，母亲与女儿、父亲与女儿、哥哥与妹妹，也必须在各自作为独立人格的基础上，形成良好的关系。如何实现这样的分离与再结合的过程，是人生的一大课题。我们作为临床心理医师，从事的正是这方面的工作。

如前所述，日本神话中，关于"打破组合"的主题次第出现，最后出现的打破兄妹组合的故事，已经到了人的时代。这些故事前面已有详论，不再赘述，总结为简表如下。

表7　打破组合者

组合	打破组合者
母－女	速须佐之男命
父－女	大国主神
兄－妹	垂仁天皇

从表7来看，首先是速须佐之男命入侵高天原，打破母–女组合。速须佐之男命的此次攻击，虽然在文本描述上只是象征性的，但是通过本书第五章、第六章与希腊神话的比较可以看到，它的意思非常明确。

其次是大国主神打破父–女组合。关于大国主神去往地下世界之事，已于第八章论及。当时，速须佐之男命作为父亲，开始时对打破自己父–女组合的大国主神态度严苛，最后却突然逆转，为年轻人送上祝福。

关于兄–妹关系，正如本章所述，在沙本比卖为哥哥沙本毗古殉死的时候，有这样一个细节值得注意：天皇问留在哥哥身边的沙本比卖："你所结的衣带，有谁可以解得呢？"沙本比卖回答说："旦波比古多多须美智宇斯王的女儿，名字叫作兄比卖、弟比卖，此二位女王，高洁之人，可供使令。"意思是说，天皇问沙本比卖，你死后我该和谁结婚？沙本比卖的回答直接点名道姓。天皇确实依言而行，娶了比婆斯比卖。二人所生之子，继承了垂仁天皇的皇位，号景行天皇。

即将死在丈夫手中的妻子，为丈夫推荐替代自己位置的女人，不免令人感觉不可思议。但是，从整体过程来看，如果理解为，沙本比卖为了维系兄–妹组合的关系而殉死，然后又打破兄–妹组合，作为与丈夫共同生活的比婆斯比卖而复生，便顺理成章了。换言之，从象征意义上来说，沙本比卖是实现了火中涅槃。这个故事，既表达了打破兄–妹组合的意义，也表现了与其相伴的苦恼。

通过以上探讨可以发现，《古事记》恰切地描绘了在家庭中长大的女性，依次与自己的血缘亲人分离，而逐步自立的状况。值得注意的是，女性是这样，男性却并非如此。西方神话中常见的英雄打败巨龙的故事，日本神话将其表现在速须佐之男命身上。可是，如第七章所述，在戏剧化的场面中出生的、沙本比卖与垂仁天皇的皇子本牟智和气，却是对速须佐之男命的彻底否定。

这些神话故事表明，家庭制度虽然已经向父系制转移，但是在意识方面，母权意识依然强烈。这种父性与母性的融合，或者说均衡，作为日本文化的特征，一直延续至后世。

第十二章
日本神话的结构与课题

一 中空均衡结构

关于日本神话的整体结构，下面将前述内容予以简单总结，阅读这一部分时，敬请参照第十章中的表6。

通过此表（第十章表6）可以看出，日本神话的结构特征，就是中心有一个无为的神，其他的神既在某些方面存在对立或者互相有矛盾，同时又保持着整体上的和谐。这种和谐，不是遵循中心的力量或原理形成的统一，而是整体上的完美均衡。其中所体现的，不是理论上的整合性，而是美学上的协调感。笔者称之为日本神话（尤其是《古事记》）的"中空均衡结构"。

当某一方企图占据中空的中心位置时，就会出现与之对抗的强大对手，从而获得平衡，结果又会回到中心是空的均衡状态。这种现象，我在前一章中称之为"回摆"。其中最重要的一点是，发挥"回摆"作用的势力不会强大到能够占据中心位置，而是找到一种适当的均衡状态，使中心继续保持为空。

通过与犹太–基督教等一神教的比较，这种结构的特点会显得更加清楚。在一神教中，神是唯一的、至高至善的，所有人必须遵循神的原则，无人可以违逆。忤逆神的人，一定会被当作"恶"而受到打击。这本是神与人之间的关系，可是当我们考察人与人之间的关系时，会发现这样一个特点：这一基本结构被原封不动地照搬进来。即是说，在探求人类的问题时，强大的中心把持着原理和威力，并以此统一全体的结构，在基督教文化圈中是普遍存在的。这里，我们所讨论的不是宗教，而是以神为背景的人类的文化、社会等。而对于像日本这样，神与人的区分不是特别清晰的文化来说，神话的结构就会更多地反映在人类世界的形态中。

中空均衡结构与中心统合结构的不同之处显而易见，无须详细论证。后者不容许其结构中存在矛盾或者对立，而前者的特点是，只要矛盾或对立不会影响整体上的和谐，就可以同时并存。

与神不同，在人类世界，即使是中心统合结构，也很难断言中心是绝对正确、绝对强有力的。于是，当不同于中心的新势力出现时，就会产生争夺中心的对立乃至斗争。此时，如果旧的中心势力比新势力强盛，新势力就会被消灭；与此相反，当新势力占据优势时，比较极端的情况下就会演变为革命，其结果是新的中心取得胜利，催生新的秩序与结构。或者在正、反、合这一辩证法式的推进中，不经由激烈的革命，而是经过逐渐的改变，来确立新的中心。这就是中心统合结构发生变化或者进化的情形。

与此相反，中空均衡结构对新生事物始于"接受"，这与中心统合结构对新生事物始于"对立"明显不同。由于所接受的新事物与既有内容性质完全不同，开始时有些不顺畅，随着时间的流逝，则逐渐被融入整体上的协调之中。

当外来的新事物优势过大时，就会令人感到中空的中心受到威胁，有时甚至发展到使人担忧新的中心会一统天下的程度。但是随

以下引文出自大林太良的文章。

> 摩鹿加群岛南部的勒蒂岛、莫阿岛、拉科尔岛、卢安-苏尔马塔岛各地的神话中，乌普莱洛（太阳祖父）与乌普努萨（大地祖母）分别体现了男性原理与女性原理。每年东季风即雨季来临的时候，都会举行波尔卡舞活动来祭祀乌普莱洛。也就是说，太阳男神与大地女神的原始神婚，每年都在重复，降临大地的雨水被看作使大地孕育万物的精液。罗博德和帕尔拉斯注意到这一区域的至高神依图·马图罗木那，认为这个极其陌生的、人们甚至不会提到他的名字的神，才真正代表了神性的整体。

文章认为在男性原理与女性原理的对立与和谐中，存在着"无为的中心"之神依图·马图罗木那，可是对这个神，人们却从不会提到他的名字。在这一点上，它可以与天之御中主神很少被祭祀于神社这一现象相呼应。

科伊群岛位于摩鹿加群岛东端，这里有与日本海幸-山幸的神话类似的故事。有意思的是，这个故事也是关于三兄弟的，同样是长兄与三弟之间围绕钓钩产生了很多故事，而中间的男性毫无作为。大林太良对此评论道："按照河合式的说法，就是'无为的中心'。"他还列举了很多类似的故事，此处从略，最后再介绍一个值得注意的例子。

多巴巴塔克族的神话中，有巴塔拉·古鲁、索里帕达、曼加拉布兰三位神。其中第一神巴塔拉·古鲁是世界的创造者与维护者，也是法的守护者。与之相对，第三神曼加拉布兰是邪恶的代表。值得注意的是，此处第一神与第三神的性格特征区分明确，分别被定义为法的守护者与邪恶。日本神话中，天照大御神与速须佐之男命之间，某种程度上来说，亦有相似关系，但其表述比较隐晦。

在多巴巴塔克族的神话中，第一神巴塔拉·古鲁的女儿嫁给第三神曼加拉布兰的儿子，二人婚后的子女便是人类的祖先，也就是说，对立双方的结合预示着丰收。令人感兴趣的是，它以这样的形式，完成了对"恶的吸收"，而与一神教中对"恶"的绝对排斥形成鲜明对照。就日本而言，亦可见类似情形，只是它不会明确地表现出来，而是潜在地实施着对"恶的吸收"，或者也可以说，对于善恶的判断，在日本神话中并不重要。

引人注目的是，多巴巴塔克族神话里，第二神索里帕达"既不似另外两位神性格鲜明，神话中亦不见其活跃的身影"。"索里帕达在多巴巴塔克族的三大神中，乃是居于所谓'无为之中心'的地位。"在此意义上，索里帕达是值得关注的。然而，正如大林指出的："至今为止，此神鲜少得到研究者的注意。"仔细想来，这也是情理之中：一则人们自然不会把注意力放在"无为"者的身上；二则因为本属索里帕达的中心性作用转移到了第一神巴塔拉·古鲁的身上。日本的天照大御神亦如此。但是从根本上来说，这个神话具备以索里帕达为"无为之中心"的结构。

通过此类研究及对其他因素的考虑，大林对日本神话整体做了以下总结：

> 总之，构成日本古典神话体系之中轴者，乃据说经由朝鲜半岛传入的王权神话。一个一个的神话，正是以为地上世界的正当统治者天皇的地位提供理论支撑的神话为核心，被集结在一起，并被体系化。而且，接纳这种王权神话，并赋予日本神话以个性特点的，大概就是"南方系"的"无为之中心"的结构。

以上观点，与笔者前面提出的日本神话具有以中空构造为基础的二重性的观点是一致的。大林的研究方向是神话的起源与传播，所以他是沿着这条线索做的探讨；而笔者的研究方向则是"心理性的"构造，所以更加关注这种神话结构对日本人的心理状态的影响。不过，笔者的观点能从神话学的专家那里得到佐证，令人十分欣慰。

大林的研究证明，日本神话的"中空构造"，在其他文化中也的确存在，说明这一现象并不特殊。以中心统合结构的观点来看，它无疑比较特别，但这并非日本独有的特点，而是能够与人共有的。

三　水蛭子的意义

笔者前面提到，日本神话的整体可以用中空均衡结构来概括。但是事情并未至此完结，这正是日本神话的迷人之处。严格说来，日本神话的整体，并不能被完全纳入中空均衡结构。这个无法被纳入的神，就是水蛭子。关于水蛭子的探索，对于日本神话的研究具有决定性的重要意义。

《古事记》中如此描绘水蛭子的诞生：

> 伊邪那岐命曰："然，吾与汝绕天之御柱而行，相遇而行房事。"即约定，乃曰："汝向右行，我向左行。"约定绕柱而行，相逢时，伊邪那美命先说："啊呀，好男子。"伊邪那岐命后说："啊呀，好女子。"各自言毕，告其妹曰："女人先言不吉。"乃行房事，所生者水蛭子，将此子置芦舟中，使流去。

因为在结婚仪式中，女性先开口说话不吉利，于是生下了"水蛭子"，他被放在芦苇船中，顺水漂走。也就是说，水蛭子是不被日本诸神所接受的。前面说过，中空均衡结构的特点是，即便存在对立与矛盾，只要不影响整体上的协调，便可以同时共存。与此相对照可以发现，水蛭子是个明显的特例。

在《日本书纪》中，有关于水蛭子的如下记述：

> 伊邪那岐、伊邪那美结婚后，伊邪那美诞生了日本的国土及"山川草木"，然后说"何不生天下之主者欤"，于是生天照大御神、月神（月读命），"次生蛭儿，虽已三岁，脚犹不立，故载之于天磐橡樟船而顺风放弃。次生素盏呜尊"。

其中有言，因为水蛭子出生三年后尚不能站立而被放入船中漂走。更要注意的是，水蛭子的诞生，是和天照大御神、月读命、速须佐之男命这三位极其重要的神的诞生放在一起记述的。即可认为，水蛭子实际具有与这三位神相匹敌的重要性。然而，水蛭子却被顺水丢弃了。

一度被水流带走的人，得到别人的救助，有朝一日回归之后，成为他所归属的集体中举足轻重的人物。这样的故事在世界各地的神话和民间故事中都很常见。其中能立刻浮上我们脑海的，就有摩西的故事。《圣经·旧约·出埃及记》一节记载，埃及的王不喜欢以色列人，命令接生婆们说："希伯来人所生的男孩，你们都要丢在河里，所有的女孩，你们要留存她的性命。"然而，"有一个利未家的人，娶了一个利未女子为妻。那女人怀孕，生一个儿子，见他俊美就藏了他三个月。后来不能再藏，就取了一个蒲草箱，抹上石漆和石油，将孩子放在里头，把箱子放在尼罗河边的芦荻中"。这一

神话与日本人的心灵

段描写，与被放在芦苇船中漂走的水蛭子有异曲同工之妙。但是，在《圣经》的故事中，这个漂在河里的孩子，被法老的妹妹搭救，取名摩西，并抚养成人。之后的摩西故事众所周知，不再赘言。

再举一个例子。希腊神话中达娜厄的父亲阿克里西俄斯收到神谕，得知自己会被女儿生下的儿子所杀，于是把达娜厄关起来，不许她与任何人相见。然而，希腊的主神宙斯，化作黄金雨潜入，致使达娜厄怀孕生子。阿克里西俄斯将达娜厄和孩子装进箱子，投入大海。一位渔夫看见了，把母子二人带去王宫，得到国王收留。孩子长大，他就是珀耳修斯。这个故事，同样是被扔进水里的孩子获救，并成长为英雄人物。

神话及民间故事中不乏类似的故事。它的心理学含义很清楚，即被某一中心力量排挤到现有秩序体系之外者，借助于边缘的力量，创造出一个与此前的秩序不同的新体系。这就是英雄。作为个人心理来说，则有以下含义：对于那些以前与自己的人生观、世界观相抵触，抑或觉得毫无意义的事情，我们会突然认识到它们反而才是最重要的，从而促使世界观发生逆转。被弃之子复活的故事，表达的正是这种中心与边缘所包含的反论意义。

那么，回过头来再看日本神话中的水蛭子。水蛭子被水流带走后不曾回归，这是为什么？还有，水蛭子到底是怎样的神？

江户后期的日本国学家平田笃胤认为，少名毗古那就是水蛭子的回归。站在上述中心与边缘的理论角度来看，大国主神是出云国的中心统治者，帮助他的少名毗古那来自边缘。把少名毗古那看作水蛭子的回归，单从心理学来研究也是很有意思的观点，只是支持这一看法的论据尚显不足。

中心与边缘的理论认为，被排挤者是与中心格格不入之人。由于日本神话是中空构造，既然中心是空的，便不可能冒犯到中心。

但是，如果此人妨碍到中空构造这一结构本身的时候，势必要被排除。因此，在《日本书纪》中，水蛭子与三贵子是一起诞生的，只是当天照大御神、月读命、速须佐之男命形成中空构造的时候，水蛭子才失去容身之地。这一观点，由水蛭子的名字也可以得到佐证。ヒルコ①的名字，与天照大御神的别称オオヒルメノムチ②对比而言，意指与ヒルメ（太阳女性）相对的ヒルコ（太阳男性）。把水蛭子作为男性太阳神来看时，问题迎刃而解：他是居于中心且意欲统合全体之人，这与中空构造相抵触。

下面探讨一下《古事记》中描述的水蛭子的诞生。由于结婚仪式中，女方先开口说话不吉利，而导致了这样的后果。在这段情节中，男女的地位孰尊孰卑难以分辨。因为正如本书第九章中所述，与《圣经》不同，《古事记》总是试图保持男女双方的平衡，太阳神是女神便极好地反映了这一点。所以，既然结合仪式中，女神先开口发言，那么为了平衡起见，男性太阳神诞生，然而这个男性太阳神却不能起到平衡的作用，反而要自己成为中心，于是急忙将他弃于水中。

据《日本书纪》的记述，水蛭子被丢弃的时候，乘坐的是天磐橡樟船。松本信广考察发现，这正是载着太阳渡过大海的船。也就是说，水蛭子是被恭恭敬敬地放入水中的③。

被弃入水中的水蛭子，如何像摩西、珀耳修斯一样重返日本神话的万神殿呢？这或许正是日本神话的课题。神话学家凯伦依认为神话是为事物"奠定基础"（begründen）的，我却认为，它也为更加深广的世界的开始做好了准备。它并不仅仅止于"奠定基础"，

① 水蛭子的日语发音。——译注
② 汉字写作"大日孁贵"。——译注
③ 松本信广：《日本神话研究》，平凡社东洋文库，1971年。

而是蕴含着新的质疑与开拓。对于日本神话来说，表达了这一含义的正是水蛭子。研究现代人对水蛭子的认识，具有深远的意义。

关于水蛭子，还有一个有趣的解释。有传说认为，水蛭子悄悄靠岸，复活成为商业之神惠比须。这个传说在何种程度上具有可信性，无从考据，但也存在一些佐证。比如，据说每年十月，全日本的神都聚集到出云，所以十月被称为"神无月"，然而惠比须却并不在内。此外，很多地方的街道名字写作"蛭子町"，却读作"惠比须町"。

在此基础上展开想象的话，我们不禁会感叹：当初被日本驱逐的水蛭子，化身为商业之神惠比须而复活，时至现代，突然焕发出磅礴之力，直指"经济大国"日本的中心。历史上，日本在很长时间内奉行"士农工商"的价值观，因此，惠比须是最低级的神。而到了现代，日本的价值观发生了天翻地覆的变化，几乎可以按照"商工农士"来排序，惠比须爬上了最高的位置。

但是，惠比须刚刚得到原本应该空缺的中心之位，泡沫经济便发生破裂，他终究未能占据中心之位。既是如此，日本人应该如何应对？下节详论。

四　现代日本的课题

现代日本人的课题，套用神话的语言格式，就是如何才能将远古时代被抛弃的水蛭子带回日本的众神之中。然而这是几乎不可能完成的事。中空均衡结构对于略有矛盾者是可以接纳的，但是，因为水蛭子超出了这个结构的容纳能力，才惨遭丢弃。让水蛭子回归，有可能会使中空均衡结构遭受毁灭性的打击。

笔者在向外国人尤其是欧美人谈起日本神话的时候，他们许多人对中空均衡结构颇有兴趣。但是当我讲到水蛭子以及他的回归，他们就会问我："日本什么时候才能变成这样啊？"表现出对于用中心统合结构代替中空均衡结构的期待，也就是说，他们确信前者优于后者。与此相反，有些日本人则认为，一神教的世界战争多发，而多神教的世界和平共存，更有优势。这个说法虽有一定的道理，但是事情远没有这么简单，两者各有利弊。毋宁说，近代国家是按照中心统合型的模式发展起来的，所以才会发生上述外国人的提问。

而我们的课题，不正是要使中心统合结构与中空均衡结构和谐共存吗？那么，新的问题是，采用什么样的模式，才能让水火不容的二者和谐共存呢？关于这个问题，笔者思考已久。我认为，在21世纪，用一种模式或者一种意识形态来思考人类、思考世界的方式已经结束了。

20世纪，用一种强势意识形态来统一世界的宏大实验，已然以失败告终。有人认为这是资本主义对社会主义的胜利，笔者不敢苟同。因为，资本主义国家吸收了很多社会主义的策略，而社会主义国家并没有吸收资本主义国家的策略。也就是说，不是一种主义胜过另一种，而是以一种为主、兼收并蓄另一种者，避免了灭亡的结局。

中空均衡结构与中心统合结构并存，并非意欲强行将二者统合在一起，而是在包含自他的整体状态下，选择适当的存在方式。这可能会意味着偏向某一种结构，但是，一方面要清楚当下做出这种选择的理由，明白做出选择所附带的责任；另一方面，即使要选择其中一种，也要时刻考虑到另外一种的可能性。这是极其困难的，而敢于面对难题的挑战，正是现代人的责任。

以上提出了关于谋求男性太阳神与女性太阳神并存的课题，笔者意欲就此结束对日本神话的考察。若继续将神话中体现出来的东西与日本及世界的现状相对照来进行研究，内容足够形成一本新书。但是，最后，我还是想对日本的现状略加探讨，并以此作为本书的结束。

日本的中空均衡结构，在日本向他者学习、努力"追赶、超越"的过程中，发挥了非常积极的作用。日本人的意识，既与中心统合性的强势父权意识不同，也非完全由母权意识占据上风，而是父性和母性保持一定程度的平衡，同时并存。所以在吸收西方的近代文明时，与其他非基督教文化圈的国家相比，它理解和接受得更快。此其长处。

但是，当日本一旦成为"经济大国"，日本就不是要追赶别人，而必须自己做出判断和决定。困难产生于此时。笔者的一位美国友人评论此事说："这就好比跑马拉松，不管最前面的人跑得多快，日本都能跟得上。但是，当日本跑到最前面的时候，它不知道该往哪里跑，结果就跑偏了。"遗憾的是，我们不得不承认，这就是日本的现状。当处于要求独立做出判断的危机状态时，便会暴露出日本的中空均衡结构作为无责任体制的缺陷，而自明治维新以来，日本人一直在上演这重复的剧情。对此，柳田邦男做了详细的分析[1]。

在全球化浪潮高涨的今天，日本人若要与欧美人平等相处，必须完成自身的成长，成为具有良好判断力、表现力、责任感的"个人"。笔者曾受已故小渊惠三首相的委托，主持"21世纪日本构想恳谈会"。我在会上提交的报告书中，就一再强调"个体的确立"极其重要。

几乎可以说，所有的现代日本人都意识到了这个问题。年轻

---

[1]　柳田邦男，《此国失败之本质》，讲谈社，1998年。

人在生活中奉行"个人主义"，却与源自欧洲近代的"个人主义"（individualism）大相径庭。波林·肯特（Pauline Kent）明确指出现代日本年轻人生活方式的缺点，认为它很特别，既不是集团主义的，也不是个人主义的，她将其命名为"コジンシュギ①"②。波林·肯特的意见切中要害，她认为年轻人并没有学会"个人主义"所包含的必要条件：社会性与责任感，而这一局面的形成，父母们也负有不可推卸的责任。

产生这一现象的原因，在于人们既不对日本人自古以来的生活方式也不对欧美人个人主义的生活方式寻根问底，而仅仅满足于简单模仿欧美人的做派，过着如同无根之草似的"コジンシュギ"的生活。

我在"21世纪日本构想恳谈会"的报告书中，为了不使"个体的确立"落入"コジンシュギ"的窠臼，使用了"个体的确立与新面貌的创造"这一说法，但是没有讨论这件事实际上是何等困难。因为如若展开讨论，足够写一本新书。本书对日本神话进行了详细的分析、考察，也可以说，它是对日本人在确立自我的过程中经历了什么，以及学习欧美的个人主义是何等困难等问题进行了详细的揭示。

在此，笔者之所以不主张放弃日本的生活方式而采用欧美式的生活方式，是因为我并不认为他们的生活方式可以成为"榜样"。此处不涉及他国的文化，总之，我根本不认为，现代美国人的生活方式是我们学习的榜样。所以我才主张，中空均衡结构与中心统合

---

① "コジンシュギ"是"个人主义"日语读音的片假名表记形式，以此表示它与真正的个人主义不同。——译注
② 波林·肯特，《日本人的个人主义》，收入河合隼雄编著《探求"个人"——于日本文化之中》，NHK 出版，2003年。

结构需要并存。

在欧美，也有不少人主张他们必须超越欧洲近代以来确立的"自我"，其中有些人提出要学习东方的智慧。但是，我们必须明白，他们并不是要抛弃西方的生活方式来模仿东方。对于持有此类观点的欧美人，笔者深表认同。美国的神学家大卫·米勒（David Miller）提出，基督教徒也可以向多神教学习，他曾经对我说："我们基督教徒，必须拼命了解多神教；而你们多神教的人，必须拼命了解一神教。"他使用了"拼命"一词，表示他已经认识到这项工作的重要性及其危险性。最后，只想强调一点：笔者通过对日本神话的研究，主张应该让水蛭子重返日本神坛，这也是一件需要拼命工作的事情。

后　记

完成一本关于日本神话的书，是我多年的夙愿。如今愿望达成，终于松了一口气。

书中亦略有提及，第二次世界大战时，日本神话被军阀利用，使我在青年时代对日本神话深恶痛绝，一度认为自己绝不可能对日本神话产生兴趣。但是，我在美国、瑞士留学期间，在接受把专注于探索自我内心作为第一要义的训练过程中，认识到日本神话对于自己具有深刻意义的时候，我一方面备感震惊；另一方面产生了强烈的抗拒心理，不愿意接受这个现实。因为我虽然对民间故事感到亲切，但对日本神话的抗拒感确实很强。分析学家迈耶先生劝我说："在探寻自己的根的过程中遇到自己国家的神话，岂不是无比正常的事吗？"于是拿来神话一看，觉得的确有趣。当我决定围绕日本神话来撰写取得荣格派分析学者资格的论文时，经由迈耶先生的介绍，我见到了匈牙利的神话学者卡尔·凯伦依博士。此事曾详述于他处，不再赘言，只想在此重温他对我说"一遍又一遍地去研读神话，把你心底产生的诗如实写下，就是最好的论文"时的感动（诚然，我当时想，诗我是写不来的，只能"叙述"了）。

虽然凯伦依的很多著作，后来经过精密的文献学研究，在一些细节上被人们质疑，但是我相信，他所提出的对于神话的基本态度，以及作为他这一态度的实践成果的著作，在今天仍有其价值。

我是1965年取得荣格派研究学者的资格回国的。当时在考试的最后一关——论文答辩的环节，考官迈耶先生对我说："这篇论文，不似你的年龄，有着六十岁的智慧。回到日本，把里面所写的内容传达给日本人民，这是你的责任。"我深为感动，答道："现在的日本，谈起神话大概没有人会认真听。将来时机到了，我一定示诸世人。"先生称允："这样也好。"

本书的出版，算是完成了与迈耶先生的约定。但是距离1965年，岁月已相去甚远，先生也已作古。我却觉得现在才是最好的时机。如今，很多人不用过多解释就能理解神话的意义。最近，激烈的全球化浪潮高涨，越来越多的人开始思索日本人、日本文化应该如何自处。抛开民族主义的狭隘，放眼整个世界，探寻日本人存在的根基，这在现代变得极其重要。但它不能是封闭的，必须是"开放性的个性"。

本书抽丝剥茧所呈现出的日本神话，也许会对日本人探寻"开放性的个性"提供一些启迪。哪怕只能贡献绵薄之力，笔者之幸，莫大于此。

我曾多次论及日本文化，觉得这本书的出版可以作为一个阶段性的总结，所以欣然执笔。巧合的是，2002年1月，我被任命为文化厅负责人。白天参与有关日本文化的各种极为现实的策划与活动；晚上独自一人的时候，撰写关于作为日本文化根基的日本神话的书，这真是很奇妙的体验。命运有时候会做出很有意思的安排。

似乎也是为了让我能够专心写作，我迎来了平生第一次"单身赴任"的机会。在此期间，我潜心笔耕。问题是，我的资料分散于奈良、京都、东京，再加上最近突然觉得上了年纪，力不从心，所以本书对于神话研究者的研究及文献的引用方面存在不足，敬请谅解。不过，需要补充说明的是，我要阐述的大义并无变化。我确实也考虑过等文献资料更加齐备的情况下再成书，但是转而又想，倚老卖老，我把想说的东西毫无顾虑地自由挥洒出来，这样的写作方式或许也能差强人意，其他的尽皆交由读者自行判断。

这是我自1965年写完资格论文之后，首次将对日本神话的研究集结成书。1980年，我曾在《文学》杂志上发表《〈古事记〉神话的中空构造》一文（后收入《中空构造日本的深层》一书，中央公论社，1982），当时并没有引起注意。但是后来，随着时间的推进，逐渐得到重视。此外，我在国外发表了不少关于"中空构造"的文章，受到外国人的特别关注，也让我备受鼓舞。其后，通过与日本的神话学者、宗教学者，如已故的大林太良、吉田敦彦、镰田东二、汤浅泰雄，以及作家田边圣子等诸位的对谈，我学到很多知识，受到不少启发。本书中亦有所述，在此再次向他们表示衷心的谢意。

关于完整的日本神话，我在NHK的电视讲座中曾有详细论述（市民大学《日本人的心灵》，1983；人间大学《现代人与日本神话》，1993）。通过节目的反响来看，我知道我的想法已为普通人所理解。但是在那个时候，我还没有写书的想法。我自身作为日本人的各种体验、从国内外神话学的发展所得到的知识等，只有积累到今天，才真正时机成熟，瓜熟蒂落。

关于"中空构造"，我觉得把它作为一种有效的手段，去探究日本的历史或者现代日本的组织，以及日本人，都是非常有意思的。期待各位专家能进行这样的研究，我自己或许也还有机会去做。

后 记

本书出版之际，非常遗憾的是，岩波书店的大塚信一社长已经退任。本人因为文化厅的工作繁忙，完稿比预定时间推迟，本来应该在5月出版，那时大塚信一社长仍在任期。事与愿违，万分抱歉。

我与大塚信一先生交往已久，他是我自1971年出版拙著《情结》（岩波书店）以来的编辑。我第一次见到大塚先生，源于岩波新书，当时的情景历历在目。那时，他说"我想和你见一面"，我心想所为何事，没想到他说"请写一本岩波新书"。我当时很惊讶，因为我从没动过这方面的心思。在《情结》一书中，我曾提及史蒂文森的《杰基尔博士和海德先生》出版后大受欢迎，"半年卖掉了六万本"。大塚先生看到了，说"你这本书也能卖掉六万本"，我当时听了不敢相信（事实诚如先生所言）。

之后，由于大塚先生直接或者间接的关系，我的很多书均由岩波书店出版。其中《民间传说与日本人的心灵》（1982）一书，是大塚先生强烈建议我写的，并给予我莫大的支持。从某种意义上说，本书可以看作它的续篇，现在能由同一家出版社出版，非常令人欣慰。遗憾的是，大塚先生已经退任。幸好新社长山口昭男先生和大塚先生一样，也是我多年工作上的故交。工作在相同的风格中展开，并且这种风格得以延续，唯此稍可自慰。大塚先生当与我有同感吧。

本书的出版，承蒙岩波书店编辑部的樋口良澄、上田麻里、杉田守康三位编辑的大力支持，在此表示诚挚的谢意。

我的工作到此总算告一段落，可以松口气了。至于之后怎样，顺其自然吧。现在我什么都不想了。

河合隼雄　2003年6月

日本神话中的"三元论"

中泽新一

　　战争期间身为中学生的河合隼雄，对老师在课堂上所灌输的日本神话充满反感。因为彼时学校里教授的日本神话，神的世界里充斥着父权性的权威主义。同时，对于作为神话叙事特点的非合理性，学生们也是被迫糊里糊涂地接受。这样的教育在当时大行其道，难怪会引起少年河合的反感，使他对日本神话避之不及。

　　时过境迁，后来河合隼雄到瑞士的荣格研究所学习。在那里，他接触到荣格派学者们对世界各种神话的研究，才终于拨云见日，认识到不受意识形态扭曲的日本神话的真实样貌。最先引起他注意的是，日本神话世界里的主神乃是女神天照大御神。这位女神具有两面性，在她的故事中，既有全副武装迎战敌人的场面，又有很接地气的栽培植物、纺丝缝衣的景象。由此可见，日本神话不是解释男性统治的神话，而是表现了在男性与女性之间构建均衡的重要性。

　　河合隼雄从日本神话中的天照大御神形象联想到希腊神话中的女神雅典娜，人类丰富的神话世界在他眼前展开。他强烈地感受到，与世界神话相对照，日本神话充满野生格调的思想的丰富性丝毫不亚于他人。于是，河合隼雄向荣格研究所提交了有关对女神天照大御神研究的论文，并得到非常高的评价。自此之后，神话研究成为河合隼雄学术研究的中心主题之一。

近代的政治性神话，大多被用来为僵硬的意识形态树立权威。但是那些在未开化社会或古代社会被实际传诵的神话，则呈现出与之完全相反的性质。神话不遵从世界建立在唯一价值观基础上的思维方式，而是试图传达几种价值观或意义在交织对立中保持均衡的状态才是世界真相的观点。每一个神话中都有对"异文"（Version）即内容相似的其他版本的说明，而不会仅以一种说法为独尊。当河合隼雄认识到这种"活的神话"的真实面貌，他感觉自己进入了一个全新的世界。他发现这些自然神话的特征，大多亦可见于收录在《古事记》与《日本书纪》的日本神话中。

实际上，在日本神话里，父性原理与母性原理不是对立的存在。非但如此，诸神不断变化自己的身份，有时以父性原理行事，有时以接近母性原理的方式行事，以此在两种原理的交错中实现整体上的均衡。对此，河合隼雄写道：

　　它既不是用一种理论实现整体统一，也不是考虑如何对两种对立的理论进行统合，而是设法使不同的东西同时并存或相互之间产生联系，以保持微妙的平衡，从而避免产生原则上的对立。这当中最为重要的就是协调感。

这不是出于河合隼雄个人协调世界观的言论，而是许多新石器时代神话的共通特征。神话的存在，乃以现实世界是在蕴含着诸多难以调和之矛盾的状况下运转为前提。

尤其是"生"与"死"的矛盾，大到绝无和解的可能。因此，

　　　　　　　　　神话与日本人的心灵

神话通过以生者的身份进入"死亡"之地，一番旅行之后重新回到人间的主人公形象，实现两个领域间的交流，力图从对立中建立均衡。神话将现实世界无法解决的矛盾，借助思维的力量，"以保持微妙的平衡，从而避免产生原则上的对立"，为此在各种力量之间构建均衡之势，在感觉与思维中建立协调状态。此特征亦见于美洲原住民的神话、亚洲神话及大洋洲神话。

新石器时代神话的这些特征，大多原原本本地保留于日本神话，河合隼雄对此深为感动。《古事记》自不必说，就连在据说是出于藤原不比等的政治意图而编纂的《日本书纪》中，这种神话的调和原理也呈现出很强的生命力。尽管彼时律令体制逐渐确立，政治家们却依然做不到无视从绳文·弥生时代流传下来的新石器时代神话的力量。

这件事意味着什么呢？这说明，在日本人的内心一直延续着新石器时代式的神话思维，它也存在于现代日本人的心中，因此，必须有效使用思维以从对立中构建协调的平衡感在时刻发挥着影响。所以，面对遭遇人格危机的咨询者，心理疗法专家不能在诊疗过程中陷入"通过某种理论使其统合，或者如何统合彼此对立的理论"的迷思。不是把各种矛盾导向原则性的对立，而是需要在对立面前止步，发挥神话智慧的功用，在各种相互矛盾的力量之间建构均衡与协调。也就是说，心理疗法专家必须使用像新石器时代的神话创作者一样的方式，来面对"日本人的心灵"。因此可以说，神话是心理学的重镇，对于日本人来说尤其如此。

最适于表现原则性对立的是"二元论"（dualism），它是一种通过"光明"与"黑暗"、"善"与"恶"、"男"与"女"等二元性概念使之彼此相克的思维方式。为达成"统一"或"统合"，这种两者间彼此相克的斗争是必要的，其结果会形成人格与共同体的秩序和稳定。

但是对于重视在蕴含着矛盾的各种力量之间构建微妙平衡的协调感来说，这种"二元论"的做法反而具有破坏性。新石器时代的神话思想家们对此十分清楚，他们舍弃"二元论"，采用"三元论"（triad）来构建自己的世界。通过在神话中加入一个能够将对立的二者联系起来，建构微妙均衡的第三元，他们不是要实现统一，而是要创造调和。实际上，诞生于新石器时代的社会构造、空间构成以及宗教体系等，基本都是在"三元论"的基础上形成的。

而对日本神话的形成亦是如此这一"发现"，无疑是本书中河合隼雄最大的功绩。他注意到此事，并非源于阅读了杜梅齐等外国神话学者的研究文献。它是河合隼雄作为一名心理疗法专家，面对许许多多日本人的心灵，屡屡进入其深处，不断实际体验，并以其体验来重新解读《古事记》与《日本书纪》的神话时，自然而然得到的认识。

无论是《古事记》，还是《日本书纪》，一开头便出现了"三元论"。在宇宙创生之际，"天之御中主神""高皇产灵尊""神皇产灵尊"三位大神登场。这些神被称为"独神"，他们只留下"三元论"构造的抽象原理，而在现象世界中隐身。

接下来具有重大意义的是"天照大御神""月读命""速须佐之男命"三神，这几位神正是"伊邪那岐"从冥界回来后用清水净身、被除不洁时，作为洁净与污秽的混合体而诞生的、主宰现象世界的三位贵神。其中，只有"月读命"不知何故自始至终藏在背后，"天照大御神"与"速须佐之男命"这对姐弟神，对其后世界的展开发挥着重要的引领作用。

此外，还有以各种不同形式出场的"三元论"结构的诸神组合。象征大和王权的正统王权（圣玺）也可以认为是三种宝物的组合，还有围绕神功皇后的那些半神话半历史的故事亦是明显的"三元论"结构。日本神话与环太平洋圈的多个地域的文化一样，试图以"三元论"的思维来探究世界的形成。

更为重要的是，从日本神话中对相当于"三元论"之第三元的人物的描述来看，与其他两者相比，他们大多就像空气一样，存在感极弱。被推入公众视野的前两者，作为相互"对抗者"活跃在神话故事中，一会儿争斗，一会儿和解。这个相当于第三元的存在，则是努力避免对事件的积极参与，尽可能不主动采取有意义的行动。活跃的两者与不活跃的另外一者所构成的"三元论"，它究竟有何涵义？

在列维–斯特劳斯派的神话学中，他们把这个不活跃的第三元看作调停"二元论"对立的"媒介者"（mediator）。比如当A国与B国相互敌对时，在两国之间往来行商的商人就起到了调停两国对立的媒介者的作用。为了打破"二元论"所蕴含的对立使其免于战争，商人作为中间人，最好在两国交界地带建立"市场"，或者作为媒人，促成两国间的重要联姻。此时，需要媒介者本身同时具备对立双方的特质。因此，神话中发挥媒介者作用的第三元，屡屡被描绘为"计谋之星"的形象。如此一来，这个第三元哪里谈得上不活跃，反而呈现出充满异常活力者的状态。

与之相对，河合隼雄认为相当于"三元论"第三元的存在是"无"。在彼此对立的"二元论"两元的背后有一个第三元，它是以包含另外两者的形式存在的、看不见的"无"。这个第三元不参与现象世界，但它却因此而将对立的两者联系起来，或者起到使两者避免冲突的缓冲器的作用，所以，它看上去在整体中居于中心的位置。但是，这个居于中心的存在，既不参与现象世界，也不做媒介者，本身不具有意义，甚至也不赋予意义。换言之，中心乃是空虚的"无"。

河合隼雄独具特色的"中空构造论"观点在此基础上诞生，这一构造是理解日本人的心灵与日本文化本质的"关键"。从日语表达到天皇的象征性存在，中空构造的结构渗透在文化与生活的各个侧面以及各个细微之处，创造了"日本"这一结构体。历史上最早将其作为思想表现出来的，无疑就是《古事记》与《日本书纪》中的日本神话，而表现在日本神话中的这一构造，如今依然可以在现代日本人的心中找到。

从这个意义上可以说，日本文化将诞生于新石器时代的神话思维，作为自身形成的重要结构原则保持延续下来，走在最前沿的科学技术与新石器时代风格的神话思维并存其中。河合隼雄在对神话的研究中，不断思考着日本文化的不可思议之处。

（人类学家）

"物语与日本人的心灵" 系列
刊行寄语

河合俊雄

　　岩波现代文库最早发行的河合隼雄著作集为 "心理疗法" 系列，其中包括《荣格心理学入门》《荣格心理学与佛教》等著作。这些著作是河合隼雄作为心理治疗学者的专业著作，选择它们作为首发无疑是非常恰当的。其后出版的 "儿童与梦想" 系列，与 "儿童" 这一河合隼雄的重要工作领域以及荣格心理学的重要概念 "梦想" 有关。但是，在心理疗法的研究与实践中，河合隼雄所发展出的自己独特思想的根本乃是 "物语"。因此，本系列收录了他关于 "物语" 的重要论著：《民间传说与日本人的心灵》与《神话与日本人的心灵》。

　　在心理治疗中，治疗师通常会倾听咨询者讲述的故事。而河合隼雄对物语的重视远不止于此，这是因为他在心理治疗中最关注的便是个人内心的realization倾向。之所以特地使用英语realization这个词，是因为它包含了 "实现" 与 "领悟、觉察" 这两方面的意思。物语中含有故事的发展脉络，只有物语才能体现 "在理解中实现" 这一事实，由此可见物语的重要性非同一般。河合隼雄晚年与小川洋子有过一次对谈，其对谈题目为《活着，就是创作自己的物语》，这个题目便生动地揭示了物语的本质。

物语对于河合隼雄的人生具有重要意义。河合隼雄从小在美丽的大自然中长大，但这并不妨碍他沉迷于书的海洋，尤其是物语的世界。有意思的是，他虽然喜欢物语，却不擅长文学。在其少年至青年时代，他一味埋头于西方的物语，而"物语与日本人的心灵"这个系列所探讨的则主要是日本的物语。"二战"结束后，他将梦境分析等方式运用于心理治疗的实践，并对自身做心理分析。这一工作促使他不得不重新审视曾一度十分厌恶的日本物语与神话。后来，在日本从事心理治疗的过程中，他不断地认识到，日本物语作为存在于日本人内心深层的、最古老的文化传统因素，其地位何等重要。于是，多部关于物语的著作应运而生。

本系列中的《民间传说与日本人的心灵》，是河合隼雄在专业领域的里程碑式著作。此前，他的工作重点是致力于将西方的荣格心理学介绍到日本，1982年此书出版，标志着他独具特色的心理学体系问世。该书通过民间故事来分析日本人的心灵，荣获大佛次郎奖，确立了河合隼雄在心理学领域内外不可动摇的学术地位。

与此著作并列的《神话与日本人的心灵》，是以他为取得荣格派心理分析学者资格，于1965年用英语写作的论文为基础，经过近四十年的打磨，又增加了"中空构造论"与"水蛭子论"，于2003年时值75岁时写就。从这个意义上看，这部著作堪称河合隼雄的集大成之作。

随着对物语的关注，河合隼雄认识到中世时期，尤其是中世时期的物语对分析日本人的心灵意义重大，并开始将其纳入研究视野。《物语人生：今者昔、昔者今》这本书就包含了《源氏物语与日本人：紫曼荼罗》以及对《宇津保物语》《落洼物语》等中世物语的研究。

与之相对应，《民间传说与现代》《神话的心理学》两部著作则聚焦于物语的现代性。被列入"心理疗法"系列的著作《生与死的接点》，其第二章论述了"民间传说与现代"的主题，但因篇幅所限，有些内容被割舍。《民间传说与现代》一书即以此内容为中心，主要探讨了"片子"（半人半鬼的小孩）物语，河合隼雄认为"片子"的故事承接了前述被流放的水蛭子神的主题。故事展开的部分可以说是本书的压卷章节。而《神话的心理学》原载于《思考者》（『考える人』）杂志，连载时的题目原名为《诸神处方笺》，如题所示，它试图通过神话的解读，来理解人的心灵。

本系列几乎囊括了河合隼雄关于物语的全部重要著作，未能收入的重要作品还有《易性：男与女》（新潮选书）、《解读日本人的心灵：梦、神话、物语的深层》（岩波现代全书）、《童话故事的智慧》（朝日新闻出版），若有需要，敬请参照阅读。

值此系列出版之际，谨向给予大力配合的出版发行机构小学馆、讲谈社、大和书房等，以及出版事务负责人猪俣久子女士、古屋信吾先生表示衷心感谢！同时，对百忙之中拨冗为各卷撰写解说的每一位作者，以及担任企划、校对的岩波书店中西泽子女士、原主编佐藤司先生表示深深的谢意！

2016 年 4 月吉日